Der Schreibcoach

Besser texten, schneller verstanden werden

Ingrid Glomp

So nutzen Sie dieses Buch

Die folgenden Elemente erleichtern Ihnen die Orientierung im Buch:

Beispiele

Hier finden Sie Textbeispiele, die noch einmal verdeutlichen, was einen guten – oder auch nicht gelungenen – Text ausmacht.

Definitionen

Hier werden Begriffe kurz und prägnant erläutert.

> Die Merkkästen enthalten Empfehlungen und hilfreiche Tipps.

Auf den Punkt gebracht

Am Ende jedes Kapitels finden Sie eine kurze Zusammenfassung des behandelten Themas.

Inhalt

Warum schreiben lernen?	5
Drei wichtige Ratschläge vorweg	10
Texte brauchen Struktur	13
Vor dem Schreiben	13
Das A und O: die Gliederung	14
Die Überschrift: Interesse wecken	16
Der Anfang: Ködern Sie die Leser	19
Der Hauptteil: Wichtig ist der rote Faden	21
Der Schluss: Hinterlassen Sie einen guten Eindruck	22
Schreiben mit Stil	24
Nicht so passiv	25
Schreiben Sie positiv	28
Vielfalt statt Eintönigkeit	32
Einfach (ist) besser	36
Sparsam mit Abkürzungen	43
Mehr Action mit Verben	44
Überflüssig? Streichen!	48
Die Beziehungen müssen stimmen	55
Sätze: am besten kurz halten	59

Fangen Sie einfach an	67
Rechtschreibung und Co.: Halten Sie sich dran!	69
Texte lebendig gestalten	75
Der Ton macht die Musik	81

Überarbeiten – so geht's — 83

Schreiben für Männer *und* Frauen – gendergerechte Texte — 89

Schreiben für den Bildschirm – Websites und Co. — 98

Schreibhemmungen überwinden — 103

Die beiden Schreibphasen trennen	104
Kleine Schritte	105
Die Macht der Gewohnheit	108
Sorgen Sie für Abwechslung	109
Manchmal bleibt nur Druck	111

Checkliste für gute Texte — 114

Texte überarbeiten – Beispiele aus der Praxis — 116

Schlusswort — 123

Literatur und Websites — 124

Warum schreiben lernen?

Schreiben muss heute fast jeder, besonders im Beruf: ob Jahres- und andere Berichte, Informationen für Kunden, Klienten oder Patienten, Gutachten oder Anleitungen, Broschüren, Zeitschriftenartikel, Texte für Websites oder sogar ein ganzes Buch. Aber:

- Die besten Ideen nützen nichts, wenn Sie sie nicht verständlich erklären können.
- Die besten Vorhaben stoßen auf Widerstand, wenn Sie den Bürgern nicht vermitteln können, worum es geht.
- Die besten Forschungsergebnisse bleiben unbeachtet, wenn Sie sie nicht klar und einfach darstellen können.
- Die besten Produkte und Dienstleistungen finden keine Abnehmer, wenn Sie ihren Nutzen nicht herausstellen können.

Sich gut und verständlich ausdrücken zu können, ist heute wichtiger denn je

Viele Menschen, darunter auch einige Schreib-Profis, haben Probleme, sich verständlich auszudrücken. Manchmal ist man einfach betriebsblind, weil man selbst ja weiß, worum es geht und was man sagen will.

Sinn der Sache ist jedoch, andere zu erreichen, sich ihnen mitzuteilen (es sei denn, man schreibt ein Tagebuch). Ohne Verständlichkeit keine Verständigung.

Verständlich zu schreiben, reicht jedoch nicht aus. Das Geschriebene muss den Leser interessieren. Das Lesen muss leichtfallen, sogar Spaß machen.

Ein guter Text ist verständlich *und zudem* leserfreundlich.

Nur selten muss *jemand lesen, was Sie geschrieben haben*

Wolf Schneider, der angesehene Journalist, Autor und „Sprachpapst", sagte 2010 in einem Interview:

„Blogs, Twitter, E-Mail: Es wird heute dreimal so viel schriftlich produziert wie vor 30 Jahren. Dem steht aber nicht die dreifache Lesefreudigkeit gegenüber, sondern die halbierte. Noch nie war die Chance so gering, gelesen zu werden!"

Kaum jemand kommt im Beruf daran vorbei, zumindest hin und wieder einen Text zu verfassen. Es wird mehr geschrieben denn je. Wer soll das alles lesen?

Ich habe früher Beilagen für Ärztezeitschriften geschrieben. Der zuständige Redakteur hat mir gleich zu Anfang sinngemäß gesagt:

„Der Arzt muss das nicht lesen, was Sie schreiben. Stellen Sie sich den müden Arzt, die abgekämpfte Ärztin vor, die nach einem langen Tag das Heft in die Hand nehmen und durchblättern. Wenn denen nicht gefällt, was sie lesen, wenn es zu schwierig ist, blättern sie weiter oder legen die Zeitschrift ganz weg."

> Die schockierende Wahrheit ist: Niemand *muss* Ihren Text lesen. (Außer Sie sind Professor und haben *das* Lehrbuch geschrieben, um das die Studenten nicht herumkommen. Oder Sie haben ein Stellenangebot oder eine Betriebsanleitung verfasst.) Heute haben potenzielle Leser viele andere Möglichkeiten, sich zu informieren oder zu amüsieren. Und mit denen muss das, was Sie geschrieben haben, um die Aufmerksamkeit der Betreffenden konkurrieren.

Egal, welche Art von Texten Sie produzieren: Wenn diese etwas bewirken sollen, muss Ihr primäres Ziel sein, so leserfreundlich wie möglich zu schreiben.

Schreiben lernen?

Leider lernt man in der Schule meist nicht, was einen klaren, ansprechenden Schreibstil ausmacht. Auch in Studium und Berufsausbildung wird dies nur selten vermittelt.

Ich bin Journalistin. Schreiben ist also mein Beruf. Außerdem überarbeite ich Texte von Menschen, die nicht hauptberuflich schreiben, zum Beispiel von Wissenschaftlern. Dabei ist mir aufgefallen, dass die Autoren nur einige einfache Regeln beachten müssten – und ihre Texte wären schlagartig besser.

Kurz gesagt gilt es, beim Schreiben alles zu vermeiden beziehungsweise beim Überarbeiten alles zu beseitigen, was den Lesefluss stört und/oder das Verstehen erschwert. Wie man das macht, erfahren Sie in den folgenden Kapiteln.

Mein Motto lautet: *"Schreiben ist ein Handwerk: Man kann es lernen und man muss es üben."*

Damit meine ich: Schreiben ist keine Kunst. Obwohl der Gedanke, dass man schreiben lernen kann und muss, vielen fremd sein dürfte. Manche glauben, schreiben kann jeder. Das lernt man schließlich in der Schule – andere denken: Zum Schreiben braucht man eine angeborene Begabung.

Schreiben kann und muss man lernen

Ich behaupte: Gut, lesbar, verständlich schreiben, das kann man nicht automatisch, sobald man weiß, wie man Buchstaben und Wörter aneinanderreiht. Das muss man lernen.

Andererseits ist es keine Geheimwissenschaft und man braucht kein spezielles Talent (außer, Sie möchten ein zweiter Goethe werden oder eine zweite Joanne K. Rowling. Doch selbst die haben ihr Handwerk beherrscht beziehungsweise beherrschen es noch.)

Wie beim Malen und Anstreichen, beim Klavier- und Tennisspielen, beim Haareschneiden und bei Reparieren von Autos gibt es beim Schreiben grundlegende Fertigkeiten und Regeln, die man lernen kann. Der Rest ist Übung.

Es ist noch kein Meister vom Himmel gefallen

E. B. White (1899–1985) war Schriftsteller und Koautor des berühmtesten amerikanischen Schreibratgebers *(Elements of Style)*. Er sah die Dinge ganz pragmatisch:

"Ich denke, Schreiben ist hauptsächlich Arbeit. Wie der Job eines Mechanikers."

Ich möchte Ihnen zeigen, wie Sie Ihre Texte strukturieren und wie Sie klar und ansprechend formulieren können. Und falls Sie das Schreiben hassen, Angst davor haben oder es aus anderen Gründen meiden: Auch dagegen gibt es Mittel. Denn, wie Sie vermutlich schon bemerkt haben: Letztlich kommen Sie ums Schreiben nicht herum.

Das Schöne: Die Regeln und Tipps in diesem Buch gelten überwiegend für alle Arten von Texten:

- E-Mails und Briefe,
- Berichte,
- Zeitschriftenartikel,
- Präsentation,
- Broschüren,
- Bücher (seien es Sachbücher oder auch Romane),
- Beiträge für Websites, Blogs, Facebook

und viele mehr.

Übung macht den Meister

Das Schreiben guter Texte macht Arbeit (wie so vieles andere im Leben). Aber die muss nicht beschwerlich sein – wenn man weiß, wie's geht. Und wie bei jedem Handwerk müssen Sie üben, ehe Sie wirklich Freude daran haben.

> **Auf den Punkt gebracht**
>
> Schreiben ist ein Handwerk: Man kann es lernen und man muss es üben.

Drei wichtige Ratschläge vorweg

Was auch immer Sie schreiben (wollen): Diese drei Grundsätze helfen Ihnen, die Form zu wahren und den Kurs zu halten:

1. Lesen Sie, was Sie schreiben wollen

> *„Meine Theorie ist:*
> *Wer nicht liest, der kann auch nicht schreiben."*
> Seymour Hersh, berühmter amerikanischer Journalist

Lesen Sie Texte, die dem ähneln, den Sie schreiben wollen.

- Wenn Sie etwas für eine Website schreiben, schauen Sie sich andere an, die Ihnen gefallen, und analysieren Sie, wie die Texte jeweils geschrieben und aufgebaut sind.
- Wenn Sie einen Flyer mit Informationen für Ihre Kunden oder Klienten entwerfen, sammeln Sie vergleichbare Schriftstücke.
- Wenn Sie eine Broschüre oder ein Buch schreiben wollen, lesen Sie andere, die Ihnen gefallen.
- Studieren Sie Protokolle, Geschäftsbriefe, Berichte, die Ihre Kollegen schreiben.
- Für fast jede Art von Geschriebenem findet man inzwischen darüber hinaus Beispiele im Internet.

Auf diese Weise können Sie im Grunde alles lernen, was Sie wissen müssen:

- über den Aufbau des jeweiligen Textes,
- über die übliche Länge,

Drei wichtige Ratschläge vorweg

- über den Sprachstil,
- über andere Konventionen (zum Beispiel für Literaturangaben) und vieles mehr.

Allerdings kann es ziemlich aufwendig sein, auf diesem Weg manche Anforderungen an die Art von Text, den Sie schreiben (etwa Dissertation, Fachartikel), herauszufinden.

Deshalb lautet mein zweiter Rat:

2. Informieren Sie sich über Vorgaben und befolgen Sie sie

Lesen Sie nach, ob es für das, was Sie schreiben wollen, spezielle Regeln gibt (zu Textlänge, Textaufbau, Schreibweisen, Wortwahl, Literaturangaben und so weiter). Fachzeitschriften haben auf ihrer Website zum Beispiel Hinweise für Autoren. Oder fragen Sie gegebenenfalls erfahrenere Kollegen.

Der wahrscheinlich wichtigste Tipp, den ich Ihnen geben kann, lautet jedoch:

3. Schreiben Sie für Ihre Leser

Fragen Sie sich bei jedem Text: Für wen schreibe ich? Wer ist die Zielgruppe? Wie alt sind meine Leser, welchen Beruf, welche Vorbildung haben sie?

Danach richtet sich die Sprache:

- Wie schwierig darf, wie einfach muss sie sein?
- Welche Fremd- und Fachwörter können Sie verwenden?
- Welches Niveau erwarten Ihre Leser?

Aber auch der Inhalt und wie Sie ihn aufbereiten hängt davon ab.

- Was interessiert Ihre Leser?
- Was langweilt sie?
- Welche Informationen sind für diese Personen besonders wichtig und nützlich?
- Was weiß Ihre Zielgruppe schon, was müssen Sie erklären?
- Wie motiviert sind die Leser, sich mit Ihrem Text zu beschäftigen? Wie stark müssen Sie um ihre Aufmerksamkeit werben?
- Müssen Sie erst Widerstände überwinden?
- Auf welche Vorbehalte sollten Sie eingehen?
- Oder sind die Leser von vornherein am Thema, an den Informationen interessiert?

Diese Aspekte sollten Sie beim Schreiben immer berücksichtigen.

Texte brauchen Struktur

Vor dem Schreiben

Ehe Sie mit dem eigentlichen Schreiben beginnen, sollten Sie sich einige Frage beantworten:

- Worum geht es? Was ist das Thema?
- Was wollen Sie sagen? Welche Botschaft wollen Sie vermitteln?
- Was ist das Besondere, das Neue, das Interessante?
- Was wollen Sie mit Ihrem Text (bei den Lesern) erreichen?

Am besten funktioniert das, wenn Sie die Antworten auf diese Fragen schriftlich festhalten. Einige Stichworte genügen. Ein Blick in diese Notizen kann Ihnen später helfen zu prüfen, ob Sie etwas Wichtiges vergessen haben. Sie entdecken so auch schneller, wann Sie in die Irre gehen und über Dinge schreiben, die mit dem jeweiligen Thema nichts zu tun haben.

Erst planen, dann schreiben

Was genau möchten Sie in Ihrem Text ansprechen, welche Punkte möchten Sie behandeln?

Sammeln Sie (in einer Datei oder handschriftlich, ausführlich oder stichwortartig) die verschiedenen Aspekte, die Ihr Geschäftsbrief, Ihr Bericht, Ihre Broschüre, kurz: Ihr Text, enthalten soll.

Je nachdem können das sein:

- Ihre Ideen und Argumente,
- Informationen und Daten,
- Beispiele, Bilder und Grafiken,
- Zitate und Quellen
- und gegebenenfalls, worum Sie die Leser bitten, wozu Sie sie auffordern möchten.

> **Ideen visuell entwickeln und ordnen**
>
> Das Clustern oder Mindmapping sind visuelle Methoden, um Ideen zu entwickeln, zu sammeln und zu sortieren, sei es mit Stift und Papier, sei es mit einer Software. In die Mitte eines Blatts Papier oder des Bildschirms schreiben Sie die zentrale Idee oder den Ausgangsbegriff. Darum herum gruppieren (clustern) Sie stichwortartig die verschiedenen Aspekte, die Ihnen einfallen. Speziell bei größeren Projekten kann dies hilfreich sein, um die Struktur des Textes zu entwerfen und Ausgangspunkte fürs Schreiben zu finden.

Das A und O: die Gliederung

Das Ergebnis Ihrer Stoffsammlung, Ihrer Überlegungen zum Textinhalt ordnen Sie in Form einer Gliederung, die folgende Fragen beantwortet:

- Wie wollen Sie anfangen?
- Was steht in welcher Reihenfolge im Hauptteil?
- Womit soll der Text enden?

Das A und O: die Gliederung

Indem Sie zu Beginn eine solche Gliederung skizzieren, können Sie sich beim Schreiben und beim Überarbeiten eine Menge Arbeit ersparen. Wenn Sie nämlich einen fertigen Text ganz neu strukturieren müssen, weil der rote Faden fehlt, wird's kompliziert.

Auch das gehört übrigens zum Ordnen: Streichen Sie Überflüssiges, also alles,

- was nicht zum Thema gehört,
- was für die Leser uninteressant ist (auch wenn Sie es vielleicht höchst faszinierend finden),
- was die Leser überfordert.

Keine Angst: So eine Gliederung ist nicht in Stein gemeißelt. Sie können sie jederzeit umstellen, ergänzen oder etwas entfernen. Aber Sie haben zumindest etwas, womit Sie arbeiten können, und einen Ausgangspunkt (oder vermutlich mehrere) fürs weitere Materialsammeln und fürs Schreiben. Bei längeren Texten sind Sie ohne eine Gliederung als Bauplan verloren.

Auf den Punkt gebracht

Wenn Sie sich vor dem Schreiben Gedanken über Inhalt und Struktur machen und eine Gliederung skizzieren,

- sparen Sie Zeit,
- erleichtern Sie sich die Arbeit,
- erzielen Sie ein besseres Ergebnis.

Die Überschrift: Interesse wecken

Ihre Gliederung umfasst den Anfang, den Hauptteil und das Ende Ihres geplanten Schriftstücks. Viele Arten von Texten beginnen jedoch mit etwas anderem: einem Titel, einer Überschrift. Deshalb möchte ich darauf zuerst eingehen.

Der erfolgreiche Blogger Brian Clark schreibt vorwiegend über Marketing und Texten (http://www.copyblogger.com). Er sagt: *„Im Durchschnitt lesen 8 von 10 Menschen eine Überschrift, aber nur 2 von 10 lesen den Rest."*

Nur ein Viertel von denen, die die Überschrift lesen, würdigt danach den eigentlichen Text eines Blickes!

Gut, das gilt vermutlich nicht pauschal für alle Situationen. Trotzdem sollte es zu denken geben und Sie motivieren, sich mit der Überschrift besonders viel Mühe zu geben.

Im Journalismus sind Schlagzeilen so wichtig, dass es mindestens ein Buch nur zu diesem Thema gibt (Wolf Schneider, Detlef Esslinger: *Die Überschrift*).

Damit sie ihre Aufgabe erfüllt, sollte eine Überschrift folgendermaßen sein (und zwar in dieser Reihenfolge):

- aussagekräftig (im Idealfall enthält sie die entscheidende Botschaft, zumindest ist sie jedoch so formuliert, dass der Leser in etwa weiß, worum es geht),
- kurz (warum, ist klar, oder?),
- originell (um die Leser neugierig zu machen, zum Staunen oder Lächeln zu bringen, kurz: um Lesevergnügen in Aussicht zu stellen).

Die Überschrift: Interesse wecken

Wenn Sie in diesem Büchlein blättern, finden Sie reichlich Beispiele für Überschriften. Dabei werden Sie sehen, dass auch mir Klarheit wichtiger ist als Originalität. Denn letztlich sollen die Überschriften darüber informieren, worum es geht – und das bereits beim Überfliegen des Inhaltsverzeichnisses (bei einem Buch).

Bei anderen Texten können geeignete Zwischenüberschriften den Lesern einen ersten Überblick über den Inhalt geben.

> **Eine Bemerkung am Rande:**
> Selbst der Betreff einer E-Mail wirkt besser, wenn er aussagekräftig ist. Schreiben Sie also nicht: „hallo" (Sehen Sie, wie der Spamfilter sich bereit macht?), sondern: „Ihre Lufthansa-Buchungsdaten" oder „Projekttage – Zwischeninformation".

Eine Überschrift kann bestehen aus

- wenigen Worten – oder auch nur einem einzigen,
- einem vollständigen Satz,
- einer Frage,
- einer Aufforderung,
- einem Zitat,
- aus zwei Teilen, getrennt durch einen Doppelpunkt oder einen Gedankenstrich.

Überschriften aus Zeitungen und Zeitschriften
- *Verzögerung beim Bau von Stuttgart 21*
- *Operation gelungen, Versicherung pleite*

- *Sauregurkenzeit*
- *Oppositioneller will Saudi-Arabien verklagen*
- *Die Achse Peking–Islamabad steht*
- *Empathie schlägt Folter*
- *Trau keinem Experten!*
- *Was bei Reizdarm wirklich hilft*
- *Was Sie über Ehec wissen sollten*
- *Nixen tragen keine Pixel: Pirates of the Caribbean*
- *Vegetarier – eine Spezies für sich?*
- *Berufstätige Mütter: Schluss mit dem schlechten Gewissen!*
- *Reform der Bundeswehr und „Gravierende Mängel bei der Bundeswehr"*
- *„Vermutlich kommen wir zur Rente mit 69" und 67? 69? Wer bietet mehr?*

Sollten Sie einen vollständigen Satz als Titel formuliert haben, lohnt es sich zu überlegen, ob Sie das Prädikat (das Verb) streichen und die Überschrift so verkürzen können.

Aus „*Gefährliche Mücken sind auf dem Vormarsch*" wird so „*Gefährliche Mücken auf dem Vormarsch*".

Manchmal lässt sich sogar noch mehr einsparen:

- Auf dem Mars wurden Lebewesen entdeckt
- Auf dem Mars ~~wurden~~ Lebewesen entdeckt
- Lebewesen auf dem Mars ~~entdeckt~~
- Lebe~~wese~~n auf dem Mars
- Leben auf dem Mars

> Nur weil die Überschrift am Anfang des Textes steht, müssen Sie sie nicht als Erstes schreiben. Im Gegenteil. Manchmal kommt man ganz plötzlich auf eine geeignete Formulierung, während und weil man am Text arbeitet, oder sogar erst ganz zum Schluss.

Der Anfang: Ködern Sie die Leser

Der Einstieg muss den Leser in den Text hineinlocken. Das gelingt am besten, wenn Sie dreierlei beachten:

1. Formulieren Sie besonders klar und einfach, um niemanden von vornherein abzuschrecken.

2. Machen Sie neugierig auf das Geschriebene. Wie? Indem Sie zum Beispiel die Frage der Leser beantworten: Warum sollte mich das interessieren? Was habe ich davon, diesen Artikel oder diesen Brief oder diesen Bericht zu lesen? Indem Sie also den Nutzwert herausstellen. Oder Sie verblüffen, indem Sie etwas Unerwartetes berichten. Dann möchten die Leser erfahren, wie das passieren konnte, und sind schon mittendrin im Text. Was Menschen außerdem immer interessiert, sind Geschichten von anderen Menschen. Auch damit kann man also einsteigen. Oder Sie beginnen mit einem besonders witzigen, weisen oder provokanten Zitat.

3. Die Leser müssen gleich zu Anfang erfahren, worum es im weiteren Text geht. Das schönste Zitat und die spannendste Geschichte sind nutzlos, wenn sie mit dem

Thema nichts zu tun haben. Niemand wird gern in die Irre geführt. Auch Leser nicht.

Wenn der Anfang langweilig oder unverständlich ist, haben Sie ein Riesenproblem. Leser, die nicht schon aus anderen Gründen motiviert sind, springen möglicherweise ab und erfahren nie, was Sie ihnen mitteilen wollten.

Die folgenden Beispiele stammen aus der Süddeutschen Zeitung und sind somit von Profis geschrieben.

> *So locken Könner den Leser in einen Text*
> - *Der Guineawurm ist weltweit fast ausgerottet – es wäre der zweite große Sieg über eine Krankheit nach den Pocken.*
> - *Im Schlaf clean werden – der Wunschtraum Drogensüchtiger. In vielen Ländern setzt man den sogenannten Turbo-Entzug bereits ein, doch in Deutschland gibt es noch Bedenken.*
> - *Die Eisdecken in Grönland und der Antarktis schmelzen offenbar schneller als bislang gedacht. Vom steigenden Meeresspiegel wären etliche Küstenstädte massiv bedroht.*

Alle drei Einstiege erfüllen die drei oben genannten Kriterien. Sie sind verständlich, machen neugierig und verraten, worum es geht.

Ich wiederhole: Bitte beginnen Sie nie, nie, nie – wirklich nie – einen Text mit komplizierten Sätzen und schwer verständlichen Zusammenhängen. Sie wollen die Leser anlocken und nicht abschrecken und vertreiben.

Der Hauptteil: Wichtig ist der rote Faden

Wenn der Anfang das Interesse einmal geweckt hat, darf es im Hauptteil etwas schwieriger werden.

Bei einem längeren Text ist es, wie gesagt, hilfreich, wichtige Fakten, Argumente und so weiter zu sammeln und eine Gliederung zu machen, ehe Sie mit dem Schreiben beginnen:

Was soll in den Text hinein und wo soll es stehen?

Anhand einer solchen Unterteilung in einzelne Blöcke lassen sich längere Werke außerdem besser bewältigen, indem man nämlich Punkt für Punkt abarbeitet. Natürlich muss der Aufbau logisch sein, das heißt, eines muss sich aus dem anderen ergeben, also einem roten Faden folgen.

Eine Möglichkeit – nicht nur für nachrichtenartige Texte: Beginnen Sie mit dem Wichtigsten und arbeiten Sie sich dann vor zu immer weniger Wichtigem.

Zusammenhänge verdeutlichen

Denken Sie daran, den Lesern im Text Orientierung zu bieten, einzelne Ergebnisse oder Gedanken in einen Zusammenhang einordnen.

Das heißt, Sie müssen eventuell mit einleitenden Worten zu einer neuen Passagen hinführen oder gegebenenfalls eine Überleitung zwischen einzelnen Bereichen schaffen: zum Beispiel im letzten Satz des vorhergehenden Absatzes auf den nächsten.

> Eine gängige Stilregel für den Aufbau eines Absatzes (vor allem in der englischsprachigen Welt) lautet: Der erste Satz sollte jeweils eine Zusammenfassung der zentralen Aussage oder die These enthalten. Anschließend folgen die Erklärungen, detailliertere Ausführungen oder Belege. Allerdings kollidiert dies unter Umständen mit dem Bemühen, eine Überleitung zu schaffen. Da heißt es abwägen und/oder geschickt formulieren.

Der Schluss: Hinterlassen Sie einen guten Eindruck

Nach dem Einstieg ist der Schluss eines Textes der Teil, den die meisten Menschen am ehesten lesen.

Viele lesen das Ende sogar zuerst – um dann zu entscheiden, ob es sich lohnt, fünf oder 30 Minuten ihrer Lebenszeit zu investieren und sich weiter mit dem Thema zu beschäftigen.

Haben Leser andererseits so lange durchgehalten, dann bestimmt der Schluss ganz erheblich den Gesamteindruck und wie sie das, was Sie geschrieben haben, im Gedächtnis behalten.

Der Schluss sollte daher

- wie der Anfang besonders leicht verständlich sein,
- deutlich machen, worum es geht,
- das Ganze sinnvoll abrunden.

Der Schluss: Hinterlassen Sie einen guten Eindruck

Einen stimmigen Abschluss erreichen Sie zum Beispiel durch

- ein Fazit,
- einen Ausblick,
- eine Botschaft
- oder indem Sie die Leser auffordern zu handeln, etwa an Ihrer Studie teilzunehmen oder Ihr Buch zu kaufen.

Falls es Ihnen übrigens gelingt, auch einzelne Absätze mit einem zusammenfassenden Satz oder einem prägnanten Gedanken zu beenden – umso besser.

Auf den Punkt gebracht

Ein gut gebauter Text hat:

- eine aussagekräftige Überschrift, die zum Lesen verlockt;
- einen Einstieg, der leicht verständlich ist und neugierig macht auf das Thema;
- einen Hauptteil, der einem roten Faden folgt. Eine (aber keineswegs die einzige) Möglichkeit des Aufbaus: vom Wichtigen zum Unwichtigen;
- einen Schluss, der klar und leicht verständlich ist und das Fazit enthält, zum Beispiel noch einmal die wichtigste Botschaft.

Schreiben mit Stil

> *„Jedes Element eines unwiderstehlichen Textes erfüllt nur einen einzigen Zweck – dafür zu sorgen, dass der nächste Satz gelesen wird. Und dann der Satz nach diesem und so weiter."*
> Brian Clark, erfolgreicher Texter und Marketingexperte

Wie bekommt man Menschen dazu, Satz für Satz weiterzulesen?

Natürlich muss das, was Sie mitzuteilen haben, wichtige, sprich: nützliche Informationen enthalten oder auf andere Weise interessant sein, vielleicht sogar spannend. (Dabei kann ich Ihnen leider nicht helfen.)

Damit die Leser Ihre wichtigen Inhalte aber überhaupt wahrnehmen, müssen sie das, was da steht, möglichst leicht erfassen können. Und das geht nur, wenn der Text gut und verständlich formuliert ist.

Alles steht und fällt mit dem Schreibstil.

Den perfekten Text gibt es nicht

Eine Bemerkung vorweg: Bitte verstehen Sie die folgenden Regeln nicht als absolut bindend. Jede Regel darf man, wenn nötig, brechen. Ein Füllwort ab und zu, ein etwas zu langer Satz hier und da können den persönlichen Stil ausmachen. Aber wie in der Kunst gilt auch hier: Man muss die Regeln kennen, ehe man sie brechen darf.

Sprache ist etwas Lebendiges und Stil etwas Subjektives

Niemand erwartet von Ihnen einen fehlerfreien Text, der allen Regeln gehorcht. Selbst „Schreibpäpste" sind nicht perfekt. Und, kaum vorstellbar, selbst ich setze das eine oder andere Verb ins Passiv, schreibe einen zu langen Satz oder mache Rechtschreibfehler. (Aber hoffentlich nicht zu oft.)

> Was zählt, ist, dass die Leser verstehen, worum es geht, und dass sie das Geschriebene gerne von Anfang bis Ende lesen.

Nicht so passiv

Beginnen wir mit einer häufigen Unart, die sich leicht vermeiden lässt. Das Passiv bezeichnet man auch als die „Leideform" eines Verbs (Zeitworts). Ein unschöner Nebeneffekt ist, dass es auch den Leser quält.

Die Passivform macht Ihre Sätze hölzern, schwerer verständlich und bremst den Lesefluss – ganz besonders, wenn die Handelnden sogar erwähnt werden (mittels „von" oder „durch").

Beispiel

▸ *Das Problem kann von uns gelöst werden.*

Wie viel besser, weil tatkräftiger und direkter, klingt:

▸ *Wir können das Problem lösen.*

Die amerikanische Schriftstellerin Carolyn See meint: *„Das Passiv ist nur für eines wirklich gut: die verschleiernden Protokolle von Komitee-Treffen, bei denen niemand für irgendetwas, das geschehen ist, verantwortlich gemacht werden will."*

Passiv-Konstrukte finden sich vermutlich recht häufig in Ihren Texten. Dann werden sie zum Problem.

Zum Glück gibt es verschiedene Möglichkeiten, anders zu formulieren. Denn beim Schreiben gilt: Es gibt fast immer eine Alternative. Welche, erfahren Sie hier:

- Wenn Sie den Handelnden kennen, nennen Sie ihn und machen Sie ihn zum Subjekt des Satzes.
  Nicht *„Das Angebot der Arbeitgeber wurde von der Gewerkschaft abgelehnt"*, sondern *„Die Gewerkschaft lehnte das Angebot der Arbeitgeber ab"*.
  Der Handelnde/das Subjekt muss keine Person sein. Statt *„Schiffer und Kahn werden am Ende von den Wellen verschlungen"* schreiben Sie (wie Heinrich Heine) *„Die Wellen verschlingen am Ende Schiffer und Kahn"*.

- Wenn Sie den Handelnden nicht kennen, ersetzen Sie ihn durch „man". Nicht *„In diesem Fall wird operiert"*, sondern *„In diesem Fall operiert man"*.

- Oder Sie verwenden ein Konstrukt mit „sich" (bei sogenannten reflexiven Verben): Nicht *„Damit etwas geändert wird, müssen alle zusammenhalten"*, sondern *„Damit sich etwas ändert, müssen alle zusammenhalten"*.

- Entsprechend lassen sich Formulierungen von „können" plus Passiv umwandeln in Konstruktionen mit „sich lassen".

Nicht *„Ein Fortschreiten der Krankheit kann meist verhindert werden"*, sondern *„Ein Fortschreiten der Krankheit lässt sich meist verhindern"*.

▸ Oder Sie wählen ein anderes Verb.
Nicht *„Das Ausmaß des Schadens wird durch die Größe der Hagelkörner bestimmt"*, sondern *„Das Ausmaß des Schadens hängt von der Größe der Hagelkörner ab"*.

> Ein schöner Nebeneffekt: Die aktive Form eines Verbs klingt nicht nur besser, sie ist auch kürzer. Und in den meisten Fällen gilt – vom Wort über den Satz und den Absatz bis zum gesamten Text: Kürzer ist besser.

Streichen Sie bei dieser Gelegenheit bitte das Wort „seitens" aus Ihrem Wortschatz. Es klingt nicht nur gestelzt. Oft bringt es auch das Passiv mit sich. Wie in:

„Der Mietvertrag wurde seitens des Vermieters gekündigt."
„Seitens der Bank wurden Umbuchungen durchgeführt."
Furchtbar! So wollen Sie nicht schreiben. Also machen Sie schnell aus Vermieter, Bank und Stadtverwaltung ein Subjekt, das kündigt, umbucht oder bekannt gibt.

Die Ausnahme
Sie wollen den Leidenden und sein Schicksal in den Mittelpunkt stellen. Dann ist das Passiv angebracht. Etwa: *„Als Kind wurde er oft geschlagen. Von seinen Eltern, den Geschwistern, dem Lehrer ..."* Sie verstehen, was ich meine.

> Durchsuchen Sie Ihren Text mit der Suchfunktion von Word nach „w?rd". So finden Sie Passiv-Konstrukte schnell. (Dazu müssen Sie unter „Erweitern" „Platzhalterzeichen verwenden" aktivieren.) Aber Vorsicht! In seltenen Fällen handelt es sich bei einem „wird" oder „werden" um die Zukunftsform eines Verbs, das Futur.

Auf den Punkt gebracht

Meiden Sie das Passiv, wann immer Sie können. Wenn Sie die Handelnden kennen, machen Sie sie zum Subjekt des Satzes.

Schreiben Sie positiv

„Jede Verneinung ist ein Problem; die doppelte Verneinung ist eine Katastrophe."

Das sagt Wolf Schneider, ein Journalist und der Groß- und Altmeister des guten Schreibstils.

Ich sage: *„Doppelte Verneinungen sind nicht selten keine gute Idee."* Geben Sie's zu: Sie brauchten mehrere Anläufe, um den vorhergehenden Satz zu verstehen.

Verneinungen sind schwerer verständlich

Menschen verstehen negative Aussagen schlechter als positive (oder affirmative, wie Fachleute sie nennen). Genauer gesagt, benötigen sie mehr Zeit, um Verneinungen zu begreifen.

Wolf Schneider erwähnt eine amerikanische Studie, der zufolge man etwa 50 Prozent mehr Zeit braucht, eine verneinende Satzaussage zu verstehen als eine bejahende.

Natürlich können und sollen Sie nicht jede Verneinung vermeiden. Häufig gibt es jedoch einen Begriff, der das Gegenteil bedeutet und mit dem sich dasselbe in positiver Form sagen lässt. Schreiben Sie also „oft" statt „nicht selten", „nah" statt „unweit".

Nicht *„Nicht weit entfernt gibt es einen Kindergarten und eine Schule"*, sondern *„In der Nähe gibt es einen Kindergarten und eine Schule"*.

> Übrigens sind Verneinungen in der deutschen Sprache besonders problematisch, weil sich das „nicht" noch kurz vor dem Ende – oder ganz zum Schluss – in einen Satz hineinquetschen und dessen Sinn ins Gegenteil verkehren kann. Das treibt besonders Dolmetscher zur Verzweiflung. Beispiel gefällig? Eine Pressemitteilung war so überschrieben: *„Musik bei den Schularbeiten stört Lernfähigkeit nicht"*.

Doppelte Verneinungen sind für viele Menschen unverständlich

Eine Katastrophe ist, wie gesagt, die doppelte Verneinung. Das kann auch eine Kombination aus „nicht" und der Vorsilbe „un-" sein wie in *„Sie ist nicht unbegabt"*.

Man weiß, dass doppelte Verneinungen erstaunlich viele Menschen überfordern. Und alle müssen sich beim Lesen mehr anstrengen.

Den folgenden Satz habe ich im Reiseteil einer Frauenzeitschrift gefunden: *„Auch von November bis Juli gibt es keine Garantie, dass es nie regnet."* Geben Sie zu: Man muss schon genau aufpassen, den Satz vielleicht zwei- oder dreimal lesen, um zu begreifen, was gemeint ist. In diesem Fall kann man leider nicht einfach die Verneinungen streichen. Denn dann steht da: *„Auch von November bis Juli gibt es eine Garantie, dass es regnet."* Wahrscheinlich meinte die Autorin: *„Auch von November bis Juli kann es hin und wieder regnen"* oder *„… ist Regen nicht ausgeschlossen."* So ist es verständlicher, oder? Denn das Gehirn muss beim Lesen – und Begreifen – einen Schlenker weniger machen als bei der zweifachen Verneinung.

Zum Glück gibt es mehrere einfache Lösungen für dieses stilistische Problem.

▸ Wie schon gesagt, können Sie bei einer einfachen Verneinung mit einem entgegengesetzten Begriff positiv formulieren.

   Nicht *„Degustationen laufen bei Wodka nicht anders ab als bei Wein"*, sondern *„Degustationen laufen bei Wodka genauso ab wie bei Wein"*.

▸ Bei doppelten Verneinungen können Sie häufig „nicht" beziehungsweise „un-" streichen.

   Nicht „Sein Verhalten war in den Augen der Polizei nicht unverdächtig", sondern „Sein Verhalten war … verdächtig". .

- Oder Sie kombinieren die beiden Methoden: Ersetzen Sie ein Wort durch einen gegenteiligen Begriff und streichen die Verneinung.
  Nicht *„Die wenigsten hatten es nicht bemerkt"*, sondern *„Die meisten hatten es bemerkt"*.

- Manchmal muss man auch umformulieren. Es gibt Sätze, da können Sie die Verneinungen nicht einfach entfernen, weil sich dann der Sinn ändert.
  Beispiel: *„Hersteller müssen nicht zeigen, dass Vitamine keine Nebenwirkungen haben."* Wenn ich das *nicht* und das *keine* entfere, entsteht ein völlig anderer Sinn. Stattdessen kann ich schreiben: *„Hersteller müssen Vitamine nicht auf Nebenwirkungen testen."* Oder: *„Hersteller müssen nicht untersuchen, ob Vitamine Nebenwirkungen haben."*

Erinnern Sie sich an meinen Satz vom Anfang?

„Doppelte Verneinungen sind nicht selten keine gute Idee."
Er lässt sich auf unterschiedliche Weise verbessern:

- Streichen Sie beide Verneinungen. Dann wird daraus: *„Doppelte Verneinungen sind selten eine gute Idee."*

- Oder verkehren Sie eines der verneinten Wörter ins Gegenteil: *„Doppelte Verneinungen sind* meistens *keine gute Idee."*

- Oder verkehren Sie beide Wörter ins Gegenteil:
  „Doppelte Verneinungen sind meistens *eine* schlechte *Idee."*

Bei diesem Beispiel bleibt bei allen Versionen der Sinn erhalten. Ansonsten müssen Sie von Fall zu Fall ausprobieren, was am besten passt.

> **Die Ausnahme**
>
> In seltenen Fällen kann und soll eine doppelte Verneinung einer Aussage Pfiff geben. Wie im folgenden Beispiel kann sie Leser – mit leichter Ironie – zum Nachdenken bringen: *„Männliche Erwartungen nicht zu erfüllen, ist nicht Richtschnur meines Handelns."* Das habe ich so oder so ähnlich bei einer Journalistin gelesen. Ganz klar: In diesem Fall würde es den Sinn entstellen, die beiden „nicht" zu streichen.

Auf den Punkt gebracht

Benutzen Sie keine Verneinung, wenn es ein positives Wort gibt. Und vermeiden Sie doppelte ganz.

Vielfalt statt Eintönigkeit

Das ist eine Schreibregel, die Sie bestimmt aus der Schule kennen: Wiederholungen sollten Sie vermeiden, denn sie wirken monoton und unbeholfen. Sie verraten: Hier hat sich jemand keine Mühe gegeben.

Eintönig wirkt es auch, wenn eine Reihe von Sätzen immer mit demselben Wort anfangen. Schon in der Schule haben wir gelernt, Sätze nicht nur mit „dann" zu beginnen oder eine Reihe von Nebensätzen mit „dass".

Vielfalt statt Eintönigkeit

Hier sind die Alternativen:

- Die Wiederholung ist überflüssig, Sie streichen das Wort.
  Nicht *"Negative Äußerungen sind schwieriger zu verarbeiten als affirmative Äußerungen"*, sondern *"Negative Äußerungen sind schwieriger zu verarbeiten als affirmative"*.

- Manchmal können Sie eine Wiederholung vermeiden, indem Sie ein Personalpronomen verwenden. Sie wissen schon: er, sie, es.
  Nicht *"Überflüssige Wörter blähen einen Text auf. Überflüssige Wörter kosten Lese- und Lebenszeit"*, sondern im zweiten Satz *"Sie kosten Lese- und Lebenszeit"*.

- Oder man benutzt „derjenige" oder die jeweils entsprechende Form davon.
  Nicht *"Unter den Verbalsubstantiven nehmen die Substantive auf -ung eine besondere Stellung ein"*, sondern *„... nehmen diejenigen auf -ung eine ..."*.

- Oft lässt sich eine andere Formulierung finden. „Text" können Sie zum Beispiel ersetzen durch *"das, was Sie geschrieben haben"*.

- Oder benutzen Sie einen konkreteren Begriff. Um beim vorherigen Beispiel zu bleiben, statt „Text" also: Artikel, Buch, Dissertation, Brief.

- Andererseits können Sie auch allgemeiner werden, also „Text" schreiben statt „Artikel".

- Die üblichste, aber nicht immer die beste Lösung: Sie suchen ein sinnverwandtes Wort (Synonym). Für „Krankheit": Erkrankung, Leiden, Störung(en), Problem, Beschwerden. Für „und": sowie. Für „zum Beispiel": beispielsweise, etwa, wie.

Hier kommen die Ausnahmen:

1. Wenn Sie die Wahl haben zwischen einer Wortwiederholung und einem unverständlichen oder gestelzt klingenden Synonym, sollten Sie sich für die Wiederholung entscheiden. Bei Relativsätzen kann es geschehen, dass sich ein Artikel doppelt, etwa *„das Mädchen, das das blaue Kleid trug"*. Manche schreiben dann lieber „welches das". Hier finde ich persönlich die Lösung schlimmer als das Problem, weil „welches" gekünstelt wirkt. Ich bin auch kein Freund des Wortes „Letzteres", selbst dann nicht, wenn es hilft, eine Wiederholung zu vermeiden.

2. Für manche (Fach-)Wörter gibt es einfach keinen Ersatz.

3. Wenn Sie ein Wort oder einen Sachverhalt besonders betonen möchten, können Sie eine Wiederholung bewusst als Stilmittel einsetzen.

Wenn Sie das Gefühl haben, dass Sie einen bestimmten Begriff überstrapazieren, zählen Sie ihn bei Word mit der Funktion „Suchen/Alle ersetzen". Wenn der gesamte Text durchsucht ist, erscheint nämlich die Angabe „Es wurden … Ersetzungen vorgenommen". (Wenn Sie bei „Ersetzen durch" dasselbe Wort eingeben wie bei „Suchen nach", dürfte sich nichts verändern. Um sicherzugehen, sollten Sie die Datei zuvor zusätzlich unter einem anderen Namen speichern. So sparen Sie sich Arbeit, falls etwas schiefgeht.)

Vielfalt statt Eintönigkeit

Vielleicht verwenden Sie bestimmte Lieblingswörter aber auch unbewusst. Verschiedene Angebote im Internet können helfen, den Blick für solche überstrapazierten Begriffe zu schärfen.

> **Internet-Tipp Nr. 1:**
> Unter http://www.letter-factory.com/wordcount.php können Sie einen Text von maximal 10.000 Zeichen nach Lieblingswörtern durchsuchen lassen.

> **Internet-Tipp Nr. 2:**
> Eine besonders dekorative Möglichkeit, häufig verwendete Wörter aufzuspüren, bietet Wordle. Das Programm zerlegt Texte, die man in das Bearbeitungsfeld hineinkopiert, in einzelne Wörter und stellt diese als Wolke dar. Je häufiger man ein Wort verwendet, desto größer ist es abgebildet. Man kann zwischen verschiedenen Darstellungsarten und Farben wählen. Das heißt, Wordle öffnet nicht nur die Augen für eigene Schwächen, das Herumspielen macht auch einfach Spaß: http://www.wordle.net.

Auf den Punkt gebracht

Sie sollten Wiederholungen vermeiden, wenn es möglich ist. Andererseits sind sie unüblichen Begriffen oder gestelzten Formulierungen vorzuziehen.

Einfach (ist) besser

„Kurze Wörter sind die besten und die alten Wörter, wenn kurz, sind die allerbesten."

Das meinte Winston Churchill, englischer Premierminister und Literatur-Nobelpreisträger. Sicher kennen Sie das Zitat aus Churchills berühmter Rede. Was er seinen Landsleuten während des Zweiten Weltkriegs bieten konnte, waren „Blut", „Schweiß" und „Tränen". Diese Wörter erfüllen beide Kriterien: Sie sind kurz und sie sind alt – sie stammen aus den Kindertagen der Menschheit.

Das vollständige Zitat lautet übrigens: *„I have nothing to offer but blood, toil, tears and sweat."* „Mühsal" – „toil" – klingt auf Deutsch schon nicht mehr ganz so gut. Aber zumindest sind alle vier Begriffe kurz und einfach, besonders im Englischen.

Auch die Krimiautorin Agatha Christie ist ein Beispiel dafür, wie man den Leser mit einfachen Wörtern packt. Wissenschaftler haben herausgefunden, dass Dame Agatha ein sehr begrenztes Vokabular verwendete.

Einfache Wörter haben mehr Schlagkraft. Lange und abstrakte Wörter sowie Fremdwörter dagegen hemmen den Lesefluss.

> **!** Wenn Sie Ihre Mitmenschen beeindrucken möchten, sollten Sie keine unnötig langen Wörter verwenden. Ein Forscher an der amerikanischen Princeton University hat entdeckt: Wer einfach schreibt, wirkt klüger. (Das Gleiche gilt übrigens für Autoren, die einfache, gut lesbare Schriften verwenden.)

> *Ein abschreckendes Beispiel*
> *Nicht zufällig hat sich an dieser Schnittstelle ein „Interface" herausgebildet, innerhalb dessen die Wissenschaftskommunikation in öffentliche Kommunikation „umformatiert" wird, um „Public Understanding" zu erzeugen.*

Eine kurze Anmerkung zu diesem Beispiel: Wenn ein Autor Begriffe in Anführungszeichen setzt, bedeutet dies häufig, dass er sie selbst für zu kompliziert hält, sie jedoch nicht übersetzen kann oder will. Achten Sie einmal in Ihren eigenen Texten darauf. (In diesem Buch erfüllen die Gänsefüßchen einen anderen Zweck. Ich verwende sie, um Wörter zu kennzeichnen, die mir als Beispiel dienen.)

Zum Glück sind Sie nicht gezwungen, sich kompliziert auszudrücken.

- Wählen Sie von zwei Begriffen den kürzeren. Also
  „im Blut", nicht „in der Blutbahn",
  „Leser", nicht „Leserschaft",
  „Fragen", nicht „Fragestellungen".

- In seinem Buch *„Der Dativ ist dem Genitiv sein Tod"* beschreibt Bastian Sick, wie das Anhängsel „-bereich" um sich greift. Oft kann man es streichen, ohne dass der Sinn Schaden nimmt:
  „Schulter" statt „Schulterbereich",
  „Sport" statt „Sportbereich",
  „Sprache" statt „Sprachbereich"
  und so weiter. Andere beliebte Anhängsel, die oft entfallen können, sind: -gebiete, -komplex, -kreise,-problematik, -prozess, -sektor.

Vorsilben, etwa aus Präpositionen wie „nach" oder „auf", können Sie ebenfalls häufig streichen: ~~ab~~senken, ~~an~~steigen, ~~auf~~zeigen, ~~er~~ahnen, ~~mit~~helfen, ~~nach~~folgen, ~~über~~prüfen, ~~vor~~warnen, ~~zurück~~erinnern.

Ich möchte Ihnen in diesem Kapitel ~~auf~~zeigen, dass die Lesbarkeit Ihrer Texte ~~an~~steigt, wenn Sie ~~über~~prüfen, ob diese unnötig lange Wörter enthalten, und Sie die entsprechenden Ausdrücke oder Vorsilben aus dem Manuskript ~~heraus~~löschen.

Die jeweils kürzere Form reicht. Stimmt's?

Vielleicht müssen Sie sich erst an eine Schreibweise ohne Verzierungen gewöhnen. Die Leser werden es Ihnen jedoch danken.

▸ Wählen Sie von zwei Formulierungen die konkretere. Also:

„Arme und Beine", nicht „Gliedmaßen"

„Rose", nicht „Blume",

„Eiche", nicht „Baum",

„Gläser" oder „Tassen", nicht „Trinkgefäße",

„Akte" oder „Brief", nicht „Schriftstück".

Warum? Konkrete Ausdrücke lassen vor dem geistigen Auge ein Bild entstehen und bleiben besser im Gedächtnis.

Churchill kannte die Wucht konkreter Begriffe. Er stellte seinen Landsleuten nicht „Lebensgefahr, Leid und Anstrengung" in Aussicht, sondern „Blut, Tränen und Schweiß". Das zweite Wort dieser Aufzählung in seiner berühmten Rede – *„blood, toil [Mühsal], tears and sweat"* – vergessen die meisten. Es ist zu abstrakt.

- Wenn es ein gängiges deutsches Wort gibt, verwenden Sie es und verzichten Sie auf das Fremdwort. Schreiben Sie also:

  „überflüssig" oder „veraltet", nicht „obsolet"
  „nach und nach", nicht „sukzessive",
  „herausfinden" oder „ermitteln", nicht „eruieren",
  „freie Stelle", nicht „Vakanz",
  „(ab)geändert", nicht „modifiziert",
  „beziehungsweise", nicht „respektive",
  „feststellen", nicht „konstatieren",
  „teilweise", nicht „partiell".

  Alle diese Begriffe habe ich übrigens in absteigender Reihenfolge auf einer Website unter den 30 meistgesuchten Fremdwörtern gefunden.

  Wenn das Fremdwort das gebräuchlichere ist, benutzen Sie es natürlich. Das gilt zum Beispiel für Begriffe aus der Computerwelt. Sie stammen zwar aus einer anderen Sprache, aber sie sind uns nicht fremd.

  Es kommt auch darauf an, für wen Sie schreiben. Fachleuten sind andere Begriffe geläufig als Laien.

- Oder formulieren Sie den gesamten Satz um. Aus dem abschreckenden Beispiel von weiter vorne:

  „Nicht zufällig hat sich an dieser Schnittstelle ein ‚Interface' herausgebildet, innerhalb dessen die Wissenschaftskommunikation in öffentliche Kommunikation ‚umformatiert' wird, um ‚Public Understanding' zu erzeugen."

  wird so:

  „Hier werden wissenschaftliche Erkenntnisse allgemein verständlich erklärt."

Wenn ich wüsste, worum es genau geht, ließe sich das Passiv auch noch vermeiden.

Schreiben Sie nicht *„Der Altersgipfel der Erstmanifestation liegt in der zweiten und dritten Lebensdekade"*, sondern *„Meist erkranken Menschen zwischen 10 und 30 Jahren"*.

▸ Ein spezielles Problem der deutschen Sprache sind die ewig langen, zusammengesetzten Substantive (Hauptwörter), etwa „Donaudampfschifffahrtskapitän".

Zum Glück kann man sie auflösen, indem man daraus zum Beispiel den „Kapitän eines Donaudampfers" macht.

Oder Sie setzen einen Bindestrich, damit das Wort lesbarer wird: „Programm-Macher" statt „Programmmacher".

Hier ein extremes Beispiel

Kürzlich habe ich in einer Pressemitteilung folgende Überschrift gelesen:

„Sportwissenschaftler auf der Spur des Relativaltereffekts"

Genauer gesagt: Ich habe versucht, die Überschrift zu lesen und musste beim letzten Wort mehrere Anläufe nehmen. Das kostet Zeit und Nerven. Schließlich habe ich die ersten Sätze der Meldung überflogen und herausgefunden, dass es um den Relativ-Alter-Effekt *geht.*

Zur Erklärung: Man hat beobachtet, dass viele Leistungssportler früh im Jahr geboren sind. Damit gehörten sie in der Kindheit, wenn Sportler in Jahrgänge eingeteilt werden, zu den Älteren.

Dieses Beispiel zeigt, wie Bindestriche den Lesern helfen, bei langen Wörtern die Übersicht zu behalten.

> *In diesem Fall reichen jedoch selbst zwei Bindestriche nicht aus, um für eine gute Lesbarkeit zu sorgen (Relativ-Alter-Effekt). Ich halte es für verständlicher, von den „Auswirkungen des relativen Alters" zu sprechen und zu schreiben. Manchmal sollten Sie also auch bei überlangen Wörtern eine andere Formulierung suchen.*

> Englische Wörter wirken auf manche Menschen nicht nur abschreckend, weil sie sie nicht verstehen. Viele wissen auch nicht, wie sie sie aussprechen sollen. An einer Klinik gibt es das Programm „Second Opinion", das sich an Patienten (!) wendet. Eine lobenswerte Sache. Aber es würde vermutlich mehr Menschen erreichen, wenn von „zweiter Meinung" die Rede wäre.

> Wenn Sie einen Fachausdruck nicht vermeiden können, sollten Sie das Wort bei der ersten Verwendung in Klammern oder in einem eigenen Satz erklären.

Die folgenden Wortungetüme fanden Wissenschaftler der Universität Hohenheim in Wahlprogrammen, die, so die Forscher, ganz allgemein schwer verständlich sind (ein weiterer Grund: Bandwurmsätze):

- Fallmanager-Transferleistungsbezieher-Relation (Grüne),
- Landeshochschulentwicklungsprogramm (FDP),
- Personalbemessungsinstrumente (Linke),
- Fachleistungsdifferenzierung (CDU),
- Spitzenclusterwettbewerb (SPD).

Bei solchen ellenlangen, zusammengesetzten Substantiven, die teilweise auch noch Fremdwörter enthalten, geht die Lesbarkeit der Texte gegen null.

Kein Wunder, dass der österreichisch-britische Philosoph Sir Karl Popper forderte: *„Wer's nicht einfach und klar sagen kann, der soll schweigen und weiterarbeiten, bis er's klar sagen kann."*

Einsilbigkeit ist gut – zumindest beim Schreiben. Die kurzen, die alten Wörter sind die elementaren, wie: Haus, Baum, Gras, Stein, Bach, Meer, Pferd, Hund, Fisch, Herz und so weiter und so fort.

Wolf Schneider, den ich schon einmal zitiert habe, bezeichnet die Einsilber, vor allem die alten, als „Königswörter".

Hören Sie auf die Mahnung des Feldherrn, Staatsmannes und Autors Gaius Julius Caesar: *„Meide jedes selten gehörte Wort wie ein Riff."*

Auf den Punkt gebracht

Eine einfache Sprache hat mehr Schlagkraft und ist bei Lesern beliebt.

▸ Wählen Sie von zwei Begriffen den kürzeren und konkreten. Einsilber sind Trumpf.

▸ Wenn es für ein Fremdwort ein gängiges deutsches Wort gibt, benutzen Sie es.

▸ Lange Substantive sollten Sie durch Bindestriche lesbarer machen. Wenn das nicht reicht, zerlegen Sie sie in mehrere oder suchen Sie eine andere Formulierung.

Sparsam mit Abkürzungen

Mit Abkürzungen meine ich „z. B." oder „evtl." oder „zzgl.", aber auch: DSL, ICE, Pkw. Diese hier sind Ihnen sicher geläufig. Und Sie verstehen, was gemeint ist, selbst wenn Sie vielleicht nicht wissen, wofür die Buchstaben in „DSL" oder „ICE" stehen. Aber wie ist es mit „ppm", „fMRT" oder „epd"? Schon schwieriger.

Was kann man Lesern zumuten und was nicht? Dazu habe ich vier Empfehlungen für Sie:

1. Kurz gesagt sollten Sie nur Abkürzungen verwenden, die Ihre Leser mühelos verstehen können. Alles, was die Empfänger Ihrer Textbotschaft ins Grübeln bringt – und sei es nur kurz –, lässt den Lesefluss stocken. Und das wollen wir vermeiden, stimmt's?

2. Abkürzungen wie „z. B.", „ca." oder „u. a.", die mit einem Punkt enden und die man im Alltag häufig verwendet, sind im Journalismus und in literarischen und anderen formelleren Texten nicht gerne gesehen. Es nützt nichts: Wenn Sie Eindruck machen wollen und bei Schreiben, die einen offiziellen Charakter haben, sollten Sie diese Wörter ausschreiben.

3. Schließlich kann es vorkommen, dass Sie eine Abkürzung für eine Institution oder eine Methode verwenden möchten, um nicht immer wieder eine halbe Zeile oder mehr für die gesamte Bezeichnung zu verbraten und Ihre Leser damit zu langweilen (denn das kann natürlich geschehen, wenn Sie immer wieder statt „PCR" „Polymerase-Kettenreaktion" schreiben). In diesem Fall empfehle ich, das Wort einmal auszuschreiben und die Ab-

kürzung dahinter in Klammern zu setzen, also „Positronen-Emissions-Tomographie (PET)", und dann in den folgenden Zeilen nur noch die Abkürzung, beispielsweise „PET", zu verwenden. Taucht der Begriff erst viel später (zum Beispiel nach einigen Seiten) wieder auf, sollten Sie die Abkürzung erneut erklären, um den Lesern das Zurückblättern zu ersparen – und um eine Verwechslung mit Polyethylenterephthalat (PET) zu vermeiden.

4. Wenn Ihre Sätze durch eine Vielzahl unterschiedlicher Abkürzungen allerdings zu einer Hindernisstrecke werden, müssen Sie sich etwas (anderes) einfallen lassen und beispielsweise Umschreibungen finden. Wie „Scan" für „PET" (Positronen-Emissions-Tomographie) oder „dieser Kunststoff" für „PET" (Polyethylenterephthalat).

Auf den Punkt gebracht

Verwenden Sie Abkürzungen sparsam und erklären Sie alle, die nicht jedem Leser geläufig sind.

Mehr Action mit Verben

Ein Text mit viel mehr Substantiven (Hauptwörtern) als Verben (Tätigkeitswörtern, Zeitwörtern) wirkt gestelzt, ist langweilig und schwer verständlich. Kurz: Er klingt wie Beamtendeutsch. Das gilt besonders, wenn es sich um abstrakte Substantive handelt und um solche, die sich von Verben ableiten.

Zum Beispiel: *"Eine effektive Blutdrucksenkung ist daher eine entscheidende Voraussetzung zur Verlangsamung des Fortschreitens der Niereninsuffizienz."*

Das geht gar nicht! Hier muss ein (Hilfs-)Verb, nämlich „ist", fünf Substantive tragen. Man bezeichnet diese Art zu schreiben auch als „Nominalstil". Zwar führt das Hineinpressen von Tätigkeiten (Verben) in Substantive manchmal dazu, dass ein Satz kürzer wird. Aber in diesem Fall ist kürzer nicht besser, denn man verdichtet den Sinn des Gesagten so sehr, dass es schwer verständlich wird.

Die Alternativen?

▸ Kleiden Sie dieselbe Aussage in Verben statt in Substantive.

 Beim Beispielsatz von gerade eben geht das so: *"Man muss den Blutdruck senken, damit die Nierenschwäche so langsam wie möglich voranschreitet."*

 Schreiben Sie nicht *"Entlang von vier Thesen wird die Reformbedürftigkeit des Rollenverständnisses von Wissenschaftlern in der Gesellschaft verortet"*, sondern *"Vier Thesen belegen, warum Wissenschaftler ihr Rollenverständnis ändern müssen"*. Die Wörter *in der Gesellschaft* können entfallen.

 Erklären Sie nicht *"Wir haben Handlungsbedarf"*, sondern sagen Sie energisch *"Wir müssen handeln"*.

▸ Ausdrücke mit „zu" lassen sich in Nebensätze mit „um … zu" oder „damit" verwandeln.

 Nicht *"Zur Sicherstellung der Einhaltung der Vorschriften …"*, sondern *"Um sicherzustellen, dass die Vorschriften eingehalten werden …"*.

- Ausdrücke mit „durch" oder „mit" lassen sich in Nebensätze mit „indem" umformen.
  Nicht *„Das Ziel ist, die Schmerzattacken mit Steigerung der Dosis unter Kontrolle zu bekommen"*, sondern *„Das Ziel ist, die Schmerzattacken unter Kontrolle zu bekommen, indem man die Dosis nach und nach steigert"*.
- Manchmal passt auch eine andere Art von Nebensatz.
  Nicht *„Wir bieten Kurse zur Studienplanung, Studienauswertung und Ergebnisdarstellung an"*, sondern *„Wir bieten Kurse darüber an, wie man Studien plant, auswertet und ihre Ergebnisse darstellt"*.

Vorsicht bei Substantiven auf -ung. Damit meine ich nicht eindeutige Hauptwörter wie „Zeitung" oder „Kreuzung", sondern solche wie: Planung, Darstellung, Auswertung, Sicherstellung, Einhaltung, Erledigung,
in denen ein Verb gefangen ist. Lassen Sie es heraus. Bilden Sie einen Satz mit „planen" statt „Planung", „darstellen" statt „Darstellung" und so weiter.

Zu Ihrer Unterhaltung hier ein extremes Beispiel

„Die Funktion der nominalen Verdichtung scheint also in der Bestätigung dessen zu liegen, dass man sich wissenschaftlich adäquat ausdrücken kann. Der so erreichten Distanzierung gegenüber dem normalen sprachlichen Verstehen kommt in der Binneneinschätzung der Fachleute eine positive soziale Einschätzung zu. Dazu gehört der Ausgrenzungseffekt gegenüber dem Nichteingeweihten."

In klarem Deutsch heißt das: Der Einsatz vieler Substantive soll anscheinend zeigen, dass man sich wissenschaftlich ausdrücken kann.

> *Fachleute glauben, dass sie wichtiger erscheinen, wenn sie sich unverständlich ausdrücken. Denn damit grenzen sie Nichteingeweihte aus.*
>
> *Ich nehme an, dem Autor hat es Spaß gemacht, seine Botschaft im Nominalstil zu verschlüsseln.*

> Finger weg von aufgeblasenen Formulierungen wie „zur Anwendung kommen", „zur Anzeige bringen", „einer Prüfung unterziehen" (Beamtendeutsch!). Schreiben Sie: anwenden, anzeigen, prüfen und so weiter.

Powerverben

Die Kapitelüberschrift „*Mehr Action mit Verben*" bedeutet nicht nur, dass Verben kraftvoller sind als Substantive. Sie ist auch eine Aufforderung, ausdrucksstarke Verben zu verwenden. Wenn Sie die Wahl haben zwischen mehreren Verben, suchen Sie das aktivste, das anschaulichste, das lebendigste aus. Das ideale Verb ist im wahrsten Sinne ein Tätigkeitswort.

Manche Verben sind Schwächlinge: Sie transportieren wenig Sinn und tragen wenig zur Botschaft eines Satzes bei. Dazu gehören die Hilfsverben „sein" und „haben". Kraftlos sind aber auch Verben wie

- erfolgen,
- durchführen,
- auftreten (außer, es geht um Schauspieler),

- stattfinden,
- sich befinden,
- geben (in der Formulierung: es gibt),
- stehen (dort steht, stand).

Powerverben sind aktiv und konkret.

> **Auf den Punkt gebracht**
>
> Verwenden Sie so wenig Substantive wie möglich und viele ausdrucksstarke Verben.

Überflüssig? Streichen!

> *„Das wertvollste aller Talente besteht darin, niemals zwei Wörter zu benutzen, wenn eines ausreicht."*
> Thomas Jefferson (1743–1826), amerikanischer Präsident

Komplizierte Formulierungen und überflüssige Wörter blähen einen Text auf. Sie erschweren das Verständnis und schmälern die Freude am Lesen.

Dafür, dass ein Text unnötig lang ist, gibt es nach meiner Ansicht drei Gründe:

1. Der Autor hat sich nicht genug angestrengt. *„Entschuldigen Sie, dass ich Ihnen einen langen Brief schreibe, für einen kurzen habe ich keine Zeit."* Dieses Zitat wird so oder ähnlich verschiedenen Autoren zugeschrieben, unter anderem Johann Wolfgang von Goethe. Wer auch immer es verfasst hat – es macht jedenfalls klar, dass es Arbeit bedeutet, sich kurz und prägnant auszudrücken.

2. Der Autor möchte sich nicht festlegen. Entweder, weil er nicht genau Bescheid weiß, sich aber trotzdem äußern möchte. Diesen Fall beschreibt Wilhelm Busch: *„Gedanken sind nicht stets parat. Man schreibt auch, wenn man keine hat."* Oder, weil er nicht zur Satzaussage steht. Das erkennt der Leser an relativierenden Formulierungen wie „an sich" und „im Prinzip". Absichern will sich auch jemand, der einen Satz beginnt mit *„Es darf als gesichert gelten ...".* *„Den Stil verbessern – das heißt den Gedanken verbessern ..."* wusste Friedrich Nietzsche. Und umgekehrt, möchte ich hinzufügen.

3. Der Autor glaubt, dass lange Formulierungen und Texte wichtig wirken, und schreibt „zur Anzeige bringen" statt „anzeigen", „operativ eingreifen" statt „operieren". Wer Wichtiges zu sagen hat und will, dass andere es sich merken, der fasst sich kurz.

Kurze Sätze prägen sich ein

Alles, was Menschen sich merken, alle Zitate und Sprüche sind kurz und prägnant.

Denken Sie an Caesar: *„Ich kam, ich sah, ich siegte."*

Oder Goethe: *„In der Beschränkung zeigt sich erst der Meister." „Edel sei der Mensch, hilfreich und gut." „Das also ist des Pudels Kern."*

Shakespeare: *„Sein oder nicht sein, das ist hier die Frage."*

Das fünfte Gebot: *„Du sollst nicht töten."*

Das Grundgesetz: *„Die Würde des Menschen ist unantastbar." „Männer und Frauen sind gleichberechtigt." „Eine Zensur findet nicht statt."*

Und schließlich John F. Kennedy: *„Ich bin ein Berliner."*

Einfache Wörter, kurze Sätze.

Die meisten Sprüche von Goethe, Schiller oder Shakespeare, an die wir uns erinnern, stammen aus ihren Theaterstücken. Sie sind leicht zu sprechen – und der Zuschauer versteht sie auf Anhieb. Das ist wichtig, denn er kann schließlich nicht zurückblättern. Papier dagegen ist geduldig. Aber diese Geduld sollten wir nicht überstrapazieren.

Überflüssige Wörter fallen in verschiedene Kategorien:

- unnötig lange, geschraubte Formulierungen: „in korrekter Weise" statt „korrekt", „eine ganze Reihe von" statt „viele".

- Füllwörter wie: ja, wohl, an sich, hinlänglich, zweifellos, wirklich, doch, nun, durchaus, sicher, völlig, voll und ganz, ganz und gar, ziemlich, regelrecht, sozusagen und viele mehr.

    Wörter wie „auch" und „außerdem", „denn" und „nämlich", „jedoch" und „aber" verdeutlichen einen Zusammenhang. Zu viele (allerdings) verwässern (ebenfalls) den Text.

    Eine Untergruppe bilden vage Begriffe (auf Englisch „weasel words"), die andeuten, dass sich der Schreiber nicht festlegen will, etwa: grundsätzlich, gewöhnlich, meist.

- Pleonasmen, also das, was man auf Deutsch mit „doppelt gemoppelt" bezeichnet:

    neu renoviert,
    runder Kreis,

ursächlich verantwortlich,
geplante Vorhaben,
angepeilte Zielgruppe,
Therapieoptionen und Behandlungsmöglichkeiten.

Sehr beliebt ist „wie beispielsweise". Dabei bedeutet „wie" nichts anderes als „beispielsweise". Man findet sogar dreifache Moppelungen: *„wie (1) beispielsweise (2) ... und ... und Ähnliche (3)"*. An der zweiten Stelle findet man auch „zum Beispiel" oder „etwa" an der dritten „oder Ähnliche", „usw." oder „etc."

Auch das „HIV-Virus" und die „PIN-Nummer" gehören in diese Gruppe. Wobei diese, weil inzwischen üblich, manchmal dem besseren Verständnis dienen, weil die „PI-Nummer" und das „HI-Virus", wenn auch korrekt, viele Menschen verwirren.

▸ Adjektive (Eigenschaftswörter) und Adverbien (Umstandswörter) dienen dazu, Substantive und Verben genauer zu beschreiben. Diese Wortarten sollten Sie nur einsetzen, wenn sie wichtige Informationen enthalten, zum Beispiel für das Verständnis nötig sind oder eine Aussage präzisieren.

Also: *„das rote Kleid, nicht das blaue"*. Auch ist es ein Unterschied, ob man in einen „sauren Apfel" beißt oder in einen „süßen".

Schreiben Sie jedoch nicht „weißes Pferd", sondern verwenden Sie das Substantiv, das diese Beschreibung enthält: Schimmel.

Schreiben Sie auch nicht: „schnell rennen" – das ist doppelt gemoppelt. (Haben Sie's gemerkt?)

Verzichten Sie darauf, einen Satz mit einer Vielzahl von Adjektiven und Adverbien vollzustopfen. Das wirkt schnell schwülstig und/oder lächerlich.

Der Schriftsteller Alexander McCall Smith hält ebenfalls nichts von einem allzu großzügigen Umgang mit Eigenschaftswörtern: *„Niemand benutzt eine große Zahl von Adjektiven, wenn er denkt, und ich glaube, dass Geschriebenes, das man nicht tatsächlich denken kann, auf dem Papier leicht falsch aussehen kann."*

Jetzt kennen Sie die verschiedenen Kategorien von überflüssigen Wörtern. Zum Glück gibt es Alternativen:

▸ Suchen Sie eine einfachere Formulierung:

„verbessern", nicht „Verbesserungen vornehmen".

Nicht *„Wie kommuniziert die Redaktion mit Wissenschaftlern, um sie zu überzeugen, so zu schreiben, wie es das Medium erfordert?"*, sondern *„Wie überzeugt die Redaktion Wissenschaftler, mediengerecht zu schreiben?"*

▸ Streichen Sie Füllwörter, Doppelungen und andere überflüssige Ausdrücke.

Nicht *„~~Grundsätzlich wird~~ die Prognose der Kinder mit Schlaganfall im Vergleich zu Erwachsenen als deutlich günstiger ~~eingestuft~~: Die ~~aufgetretenen~~ Probleme bilden sich meist ~~erfreulich~~ gut zurück"*, sondern *„Die Prognose von Kindern mit Schlaganfall ist deutlich günstiger als die von Erwachsenen, denn die Probleme bilden sich meist gut zurück."*

Oder *„Ein Gift ist ein ~~chemischer~~ Stoff, der ~~durch seine toxische Wirkung~~ vorübergehende oder bleibende Ge-*

sundheitsschäden beziehungsweise den Tod verursachen kann."

Manche Doppelungen sind schwer zu entdecken. Hier ein Beispiel mit gleich dreien:

"Botox bewirkte nicht nur, dass die emotionale Mimik weniger ausgeprägt war, sondern führte gleichzeitig zu einer Abnahme der Gehirnaktivität im Bereich emotionsverarbeitender Hirnregionen."

Doppelt sind: "Bereich" und „-region", „Gehirn" und „Hirn" sowie „nicht nur ..., sondern" und „gleichzeitig".

Besser ist also: „Botox bewirkte, dass die emotionale Mimik weniger ausgeprägt war und führte gleichzeitig zu einer Abnahme der Aktivität in emotionsverarbeitenden Hirnregionen."

Man könnte diesen Beispielsatz noch weiter verbessern, aber mir geht es in diesem Kapitel nur um die Fälle von „doppelt gemoppelt".

> Um Füllwörter aufzuspüren und zu streichen, sollten Sie einen eigenen Textdurchgang vorsehen. Wenn Sie wissen, dass Sie eine Vorliebe für ein bestimmtes Füllwort haben, versuchen Sie Folgendes: Tragen Sie es bei der „Suche"-Funktion von Word ein und lassen Sie das „Ersetzen"-Feld leer. Dann gehen Sie den Text schrittweise durch und ersetzen, wenn möglich, das Füllwort durch nichts, entfernen es also.

Fassen Sie sich kurz

Der Schriftsteller Mark Twain erhielt von einem Herausgeber einmal folgendes Telegramm:

"NEED 2-PAGE SHORT STORY TWO DAYS."

Twain antwortete:

"NO CAN DO 2 PAGES TWO DAYS. CAN DO 30 PAGES 2 DAYS. NEED 30 DAYS TO DO 2 PAGES."

Das erinnert an die Geschichte am Anfang dieses Kapitels von dem Schriftsteller, der keine Zeit hatte, einen kurzen Brief zu schreiben.

Kurz und prägnant zu schreiben, ist aufwendig. Die Leser werden es Ihnen jedoch danken, wenn Sie die zusätzliche Arbeit auf sich nehmen.

> **Internet-Tipp**
>
> Der elektronische Lektor von letter-factory.com prüft einen Text auf Füllwörter. Wie jedes Computer-Programm ist er nicht so gut wie der Mensch, aber man bekommt wichtige Hinweise und das Ergebnis des Tests kann die Augen für persönliche Schwächen öffnen: http://www.letter-factory.com/elektorat.php.

Auf den Punkt gebracht

Wenn man ein Wort streichen kann, tun Sie's. Und wählen Sie von zwei Formulierungen die einfachere.

Die Beziehungen müssen stimmen

Dieses Kapitel beschäftigt sich mit Unklarheiten und möglichen Missverständnissen. Beides wollen gute Autoren ihren Lesern nicht zumuten. Die Probleme entstehen, wenn nicht eindeutig zu erkennen ist, worauf ein Wort sich bezieht. Oder wenn der Bezug zwischen den Teilen eines Textes nicht stimmt. Das verwirrt die Leser und bremst den Lesefluss.

Problem Nr. 1

Ein falscher Bezug entsteht häufig durch unzulässige Verkürzungen von Formulierungen und Gedanken. Der Text bleibt zwar verständlich, aber er holpert. Solche Verkürzungen wirken wie Sand im Getriebe.

Zum Beispiel: *„Für dieses Rezept brauchen Sie einen großen oder zwei kleine Äpfel."* Irgendetwas stimmt da nicht. Unser Gehirn arbeitet so: Es macht aus *„eine rote und eine gelbe Blume"* *„eine rote Blume und eine gelbe Blume"*. Entsprechend macht es aus der Angabe im Beispielsatz *„einen großen Äpfel oder zwei kleine Äpfel"*. Das stört – ob nun bewusst oder unbewusst.

Schreiben Sie also nicht *„Für diesen Versuch brauchen Sie ein oder mehrere Reagenzgläser"*, sondern *„Für diesen Versuch brauchen Sie ein Reagenzglas oder mehrere"*. Hier ergänzt unser Gehirn automatisch am Ende des Satzes „Reagenzgläser" und gerät beim Lesen nicht ins Stocken. Natürlich können Sie auch schreiben *„mindestens ein Reagenzglas"*.

Noch ein Beispiel gefällig? Nicht *„Texte mit weniger beziehungsweise genau 100 Wörtern"* muss es heißen, sondern *„Texte mit weniger als beziehungsweise genau 100 Wörtern"*. Oder eleganter: *„Texte mit bis zu 100 Wörtern"*.

> **!** Steht ein Adjektiv vor einem zusammengesetzten Substantiv, so bezieht es sich nicht nur auf dessen ersten Teil. Beim „vierstöckigen Hausbesitzer" also nicht nur auf das Haus, sondern auf die Person des Hausbesitzers. Da hilft nur, das Hauptwort in seine Bestandteile zu zerlegen: „der Besitzer eines vierstöckigen Hauses". Genauso verhält es sich mit dem „dreiköpfigen Familienvater" oder der „selbst gesammelten Pilzmahlzeit".

Auch solche Verkürzungen kommen vor, wenn man nicht aufpasst: *„Säubern und entfernen Sie alle Verkrustungen im Bereich der Augenlider."* Verkrustungen säubern? Gemeint ist *„Säubern Sie die Augenlider und entfernen Sie alle Verkrustungen"*.

Problem Nr. 2

Es besteht ein unklarer oder falscher Bezug

▸ zwischen Relativsatz und Substantiv: *„Die Patientinnen profitieren von der Nähe des Brustzentrums zur Röntgenabteilung, <u>dessen</u> Direktor Professor XY ist."* Das Relativpronomen bezieht sich immer auf das am nächsten stehende vorhergehende Substantiv. In diesem Fall „Röntgenabteilung".

Je nachdem, ob gemeint ist „Röntgenabteilung, deren" oder „Brustzentrum, dessen", muss man den Satz also entsprechend umschreiben.

- zwischen Sätzen: *„Zunächst sind hier Medikamente, die den Schmerzen vorbeugen, Mittel der Wahl. Das Ziel ist, die Schmerzen mit Steigerung der Dosis unter Kontrolle zu bekommen. <u>Die</u> haben aber Nebenwirkungen wie Müdigkeit und Schwindel."* Nach den Regeln der Logik und der Grammatik bezieht sich „die" auf ein Wort im vorhergehenden Satz („Schmerzen"). Gemeint ist aber das Wort „Medikamente" im ersten Satz.

- nach dem Wörtchen „als": *„Als Verlag oder Redaktion sind Ihre Texte das Aushängeschild Ihres Unternehmens."* Dieser Fehler wird häufig gemacht. Das nächste Substantiv nach der „als"-Formulierung ist „Texte". Die sind aber kein Verlag und auch keine Redaktion. Eine ähnlich Stolperfalle ist das Wort „neben". „Neben dem Umbau der Küche haben wir auch das Bad neu gefliest." Den Umbau gefliest? (Was geht: „Neben der Küche haben wir auch das Bad gefliest." Aber das war nicht gemeint.)

Die Lösung

Vermeiden können Sie solche Probleme, indem Sie Ihren Text sorgfältig lesen und prüfen, ob der Bezug zwischen Satzelementen und von Satz zu Satz logisch und stimmig ist. Das ist besonders wichtig, wenn Sie Wörter oder Sätze einfügen oder streichen.

Spaß muss sein

Wenn der Bezug zwischen Wörtern nicht stimmt, hat das oft unfreiwillig komische Folgen. Hier zu Ihrer Unterhaltung zwei Beispiele:

- *„Kann ein Fußball schneller fliegen als der Fuß, der ihn getreten hat?"* Ein Fuß, der fliegt? Das ist aber gar nicht gut. Gemeint ist *„…, als der Fuß sich bewegt, der ihn tritt?"* (Die Antwort lautet: Ja.)

- *„Unsere Gesellschaft wird immer dicker und älter – Vorbeugung ist im deutschen Gesundheitswesen kaum vorgesehen."*
  Dass man der übermäßigen Gewichtszunahme vorbeugen will, einverstanden. Aber sollte man wirklich verhindern, dass Menschen älter werden?

> **Internet-Tipp**
>
> Noch mehr Beispiele unfreiwilliger Komik finden Sie in diesem Post in meinem Blog Schreibhandwerk:
> http://schreibhandwerk.blogspot.com/2008/11/unfreiwillig-komisch-der-falsche-bezug.html

---

Auf den Punkt gebracht

Stellen Sie eindeutige Bezüge zwischen Wörtern, Satzteilen und Sätzen her.

Sätze: am besten kurz halten

Kurt Tucholsky schrieb in *Ratschläge für einen schlechten Redner:* „*Sprich mit langen, langen Sätzen – solchen, bei denen du, der du dich zu Hause, wo du ja die Ruhe, deren du so sehr benötigst, deiner Kinder ungeachtet, hast, vorbereitest, genau weißt, wie das Ende ist, die Nebensätze schön ineinandergeschachtelt, so daß der Hörer, ungeduldig auf seinem Sitz hin und her träumend, sich in einem Kolleg wähnend, in dem er früher so gern geschlummert hat, auf das Ende solcher Periode wartet ... nun, ich habe dir eben ein Beispiel gegeben.*"

Sätze, die sich über mehrere Zeilen hinziehen, sind das beste Mittel, um Leser abzuschrecken. Wenn man Pech hat, wenden sie sich gleich ganz vom Text ab. Solche Bandwurmsätze sind unübersichtlich und unverständlich, kurz: unlesbar. Besonders schlimm wird es, wenn Hauptsatz und Nebensätze ineinander verschachtelt sind.

Besonders häufig findet sich Bandwurmsatz-Befall nach meiner Erfahrung in den Werken von Wissenschaftlern und den Elaboraten von Politikern. Aber jeder gewissenhafte Autor sollte seine Manuskripte regelmäßig untersuchen. Denn wie Bandwürmer den betroffenen Menschen Energie entziehen, so rauben lange, verschlungene Sätze Texten die Kraft.

> *Hier ein abschreckendes Beispiel:*
>
> „*Wenn die These zutrifft,* dass eine offene Kommunikation mit der Öffentlichkeit, *die nicht nur der Akzeptanzbeschaffung für die Wissenschaft dient, sondern eine demokratische und gleichberechtigte Auseinandersetzung ist und*

> *damit die Öffentlichkeit ernst nimmt, für die Wissenschaft zu einer Überlebensfrage geworden ist,* **dann stellt sich die Frage,** *wie dies denn zu bewerkstelligen sei."*
>
> *Dieser Satz ist konstruiert wie eine russische Puppe – ein Nebensatz, darin ein zweiter, dann ein dritter:*
>
> *Nebensatz 1. Ordnung*
> Nebensatz 2. Ordnung
> *Nebensatz 3. Ordnung*
> Nebensatz 2. Ordnung
> **Hauptsatz**
> *Nebensatz 1. Ordnung*
>
> *Schon irgendwie beeindruckend (auf eine schreckliche Weise), oder?*

Spätestens, wenn man versucht, lange, verschachtelte Sätze laut zu lesen, merkt man, dass es so nicht geht.

Ein Gedanke nach dem anderen

Nicht alle langen Sätze sind gleich unverständlich und problematisch. Sehen Sie selbst:

Version 1: Ein Autor, der, um Lesern Sachverhalte, die an sich so leicht zu verstehen sind, dass jeder sie begreifen kann, darzulegen, Gedanken in Gedanken schachtelt, verklausuliert die Botschaft so, dass kein Mensch sie sofort, ohne dass er mehrmals von vorn anfängt, erfassen kann. (42, 274)

Version 2: Es ist sinnvoll, dass Sie Ihre Texte so verfassen, wie ich es in diesem Buch empfehle, weil es das Leben der Leser leichter macht, die sich weniger anstrengen müssen, so dass die Chancen größer sind, dass die Menschen das verstehen, was Sie geschrieben haben. (44, 259)

Der erste Satz besteht aus 42 Wörtern (bei 274 Zeichen inkl. Leerzeichen), der zweite aus 44 Wörtern (bei 259 Zeichen inkl. Leerzeichen). Die Länge ist also ähnlich. Und doch ist der zweite Satz eindeutig leichter zu verstehen als der erste, obwohl er sogar einen Nebensatz mehr enthält. Warum? Er ist *linear* auf gebaut, eins folgt aus dem anderen. Beim ersten Satz ist dagegen Nebensatz in Nebensatz (und Hauptsatz) *geschachtelt*, sodass man schnell den Überblick verliert. Wenn Sie lange Sätze verwenden, dann konstruieren Sie sie bitte linear, sodass die Leser nicht in Gedanken hin- und herspringen beziehungsweise mehrmals von vorne anfangen müssen.

Am besten vermeiden Sie Überlängen jedoch ganz. Denn der Satz in Beispiel 2 ist zwar verständlicher. Ihn zu lesen ist trotzdem kein Vergnügen.

> Wenn Sie zu verschachtelten Satzkonstruktionen neigen, probieren Sie dies. Formulieren Sie Ihre Sätze im Kopf, nicht auf dem Bildschirm. So bleiben sie übersichtlich.

Zum Glück gibt es ein Mittel gegen Bandwurmsätze und es anzuwenden tut gar nicht weh.

▶ Sätze, die sich über viele Zeilen hinziehen und verschachtelt sind, sollten Sie in mehrere Einzelsätze zerlegen.

Bei unserem Beispiel (siehe oben, der Satz, der einer russischen Puppe ähnelte) könnte das so aussehen: *„Eine* *offene Kommunikation mit der Öffentlichkeit, so die These, ist für die Wissenschaft lebenswichtig. Sie sollte nicht nur dafür sorgen, dass die Bevölkerung die Wissenschaft akzeptiert. Vielmehr sollte sie eine demokratische und gleichberechtigte Auseinandersetzung sein und so die Öffentlichkeit ernst nehmen. Trifft diese These zu, dann stellt sich die Frage, wie sich dies erreichen lässt."* (Damit sind allerdings längst nicht alle stilistischen Probleme gelöst.)

> **Das Pferd von vorn aufzäumen**
>
> Schildern Sie Ereignisse in ihrer zeitlichen und Gedanken in ihrer logischen Abfolge, denn solche Sätze sind leichter zu verstehen.
>
> Schreiben Sie nicht *„Die Polizei geht von Fremdverschulden aus, nachdem sie andere Ursachen ausschließen konnte"*, sondern *„Nachdem sie andere Ursachen ausschließen konnte, geht die Polizei von Fremdverschulden aus"*.

Ein weiterer Auszug aus Kurt Tucholskys *Ratschläge für einen schlechten Redner*: *„Du mußt alles in die Nebensätze legen. Sag nie: ‚Die Steuern sind zu hoch.' Das ist zu einfach. Sag: ‚Ich möchte zu dem, was ich soeben gesagt habe, noch kurz bemerken, daß mir die Steuern bei weitem …'"*

> Was Tucholsky uns damit sagen will: Hauptsachen gehören in den Hauptsatz, Nebensachen (oder besser: Ergänzungen) in den Nebensatz.

Zählen Sie die Wörter

Zwei Faustregeln beziehungsweise Maße helfen zu beurteilen, ob ein Satz problematisch ist.

Erstens die Satzlänge in Wörtern. Ludwig Reiners (1896–1957), ein Experte für gutes Schreiben, unterschied in seiner *Stilfibel* als groben Anhaltspunkt folgende Satzlängen:

- Sätze mit bis zu 13 Wörtern sind sehr leicht verständlich,
- mit 14 bis 18 Wörtern leicht verständlich,
- mit 19 bis 25 Wörtern verständlich,
- mit 25 bis 30 Wörtern schwer verständlich
- und ab 31 Wörtern sehr schwer verständlich.

Falls Sie sich wundern, dass die 25 zweimal auftaucht: So steht's im Original. Und wer bin ich, Ludwig Reiners zu korrigieren? Ich vermute, dass es heißen soll 19 bis 24 Wörter – aber da es sich nur um eine Faustregel handelt, kommt es ohnehin nicht so genau drauf an.

Nun sollen Sie nicht das Kind mit dem Bade ausschütten und Ihre Texte nur aus kurzen Sätzen zusammenstellen. Speziell, wenn Sie ausschließlich Hauptsätze verwenden, ist das Ergebnis vielleicht leicht verständlich, aber auch monoton und einschläfernd.

Es darf Ihnen jedoch nicht passieren, dass sich die schwierigen Sätze häufen oder ein Satz extrem lang ist wie unser Beispiel vom Anfang (Sie erinnern sich: *„Wenn die These zutrifft, ..."* macht summa summarum 52 Wörter).

In solchen Fällen müssen Sie etwas unternehmen. Was, ist klar: Machen Sie aus einem Satz zwei, drei oder, wie ich beim obigen Beispiel, vier (mit 12 bis 15 Wörtern). Ganz sparsam einsetzen sollten Sie eingeschobene Nebensätze, denn sie erschweren das Verständnis.

> Kausalsätze, also Nebensätze, die mit „weil" oder „da" beginnen, können Sie in Hauptsätze umwandeln, indem Sie „denn" oder „nämlich" verwenden.

Helfen Sie dem Kurzzeitgedächtnis

Ob ein Satz gut lesbar ist, hängt nicht nur von der Länge ab, sondern auch von seinem Aufbau. Hier kommt die zweite Maßzahl ins Spiel. Damit ein Satz leicht verständlich ist, sollen möglichst nah zusammenstehen:

1. Subjekt und Prädikat,
2. die zwei Teile eines Prädikats,
3. Artikel und Substantiv.

Die deutsche Sprache hat eine Eigenheit, die Verständnisprobleme bereiten und den Lesefluss hemmen kann. Diese besteht darin, dass das Prädikat – also das Verb, das erklärt, was jemand tut – ganz am Ende eines Satzes beziehungsweise Nebensatzes steht. Wie *steht* im vorherigen (Neben)Satz.

Wolf Schneider, den ich schon im Kapitel über die Verneinungen erwähnt habe, sagt, es sollen nicht mehr als sechs Wörter zwischen Subjekt und Prädikat kommen. Das Gleiche gilt für die beiden Teile eines Prädikats (wie im vorherigen Satz „sollen ... kommen") sowie Artikel (also „der", „die", „das" und „ein", „eine" und so weiter) und Substantiv. Einen größeren Abstand beziehungsweise eine längere Zeit als drei Sekunden könne das Kurzzeitgedächtnis nicht überbrücken. Und dann wird das Lesen mühsam.

Wer genau sein will, kann auch zwölf Silben zählen – weil es sehr lange Wortungetüme gibt und davon können schon vier zu viel sein. Wolf Schneider bezeichnet das Ganze als „das Gesetz der 6 Wörter/12 Silben". Wie immer gilt: Dies sind Richtlinien, keine eisernen Regeln.

Was können Sie tun?

▸ Wenn sich eine lange Aufzählung zwischen Subjekt und Prädikat drängt, haben Sie mehrere Möglichkeiten, das Problem zu lösen:

1. Sie verfrachten die Aufzählung in einen eigenen Satz mit Formulierungen wie *dazu gehören …*

Nicht *„Tiere wie Hunde, Katzen, Kaninchen, Meerschweinchen, Hamster und Mäuse erfreuen sich bei Kindern großer Beliebtheit"*, sondern *„Eine Reihe von Tieren erfreut sich bei Kindern großer Beliebtheit. Dazu gehören Hunde, Katzen, Kaninchen, Meerschweinchen, Hamster und Mäuse"*.

2. Sie formulieren ein wenig um und setzen die Aufzählung ans Satzende, hinter einen Doppelpunkt oder ein Komma.

Nicht *„Das Inhalieren von Tabakrauch ist für 80–90 % der chronischen Atemwegs-, 80–85 % der Lungenkrebs- und 25–43 % der koronaren Herzerkrankungen verantwortlich"*, sondern *„Das Inhalieren von Tabakrauch ist für eine Reihe von Krankheiten verantwortlich: für 80–90 % der chronischen Atemwegs-, 80–85 % der*

Lungenkrebs- und 25–43 % der koronaren Herzerkrankungen".

3. Sie ziehen das Verb vor.

Nicht *„So wie <u>die Super-Nanny</u> eine perfekte Symbiose aus warmherzig (lange, offene Haare, häufiges Lachen, Hinknien vor Eltern und Kind) und streng (schwarze Kleider, direktive Sprache, schnelle Reaktionen) <u>bildet</u>, so ist Zwegat eine Mischung aus besorgtem Vater und seriösem Buchhalter"*, sondern *„So wie <u>die Super-Nanny</u> eine perfekte Symbiose <u>bildet</u> aus warmherzig ..."*

▸ Wenn ein Verb beziehungsweise Prädikat aufgespalten ist, können Sie ebenfalls den zweiten Teil vorziehen.

Nicht *„Zunächst <u>sind</u> hier Medikamente, die auf Dauer den Schmerzattacken der Patienten vorbeugen, <u>Mittel der Wahl</u>"*, sondern *„Zunächst <u>sind</u> hier Medikamente <u>Mittel der Wahl</u>, die ..."*

▸ Wenn sich ein langes Attribut zwischen Artikel und Substantiv drängt, können Sie diese Beschreibung in einen Relativsatz verlagern.

Also nicht *„Eine verständliche Sprache ist ein wichtiger Beitrag zu <u>dem</u> von Bürgern, Verbänden, Wissenschaftlern und Politikern aller Parteien angestrebten <u>Bürokratieabbau</u>"*, sondern *„Eine verständliche Sprache ist ein wichtiger Beitrag zu <u>dem Bürokratieabbau</u>, den Bürger, Verbände, Wissenschaftler und Politiker aller Parteien anstreben"*.

> Wenn Sie unsicher sind, ob ein Satz zu lang oder zu kompliziert ist, lesen Sie ihn sich laut vor. Wenn Sie dabei ins Stocken geraten oder merken, dass Ihnen die Luft ausgeht, betrachten Sie das als Warnzeichen.

Auf den Punkt gebracht

Beachten Sie die 6-Wörter-/12-Silben-Regel und vermeiden Sie Schachtelsätze.

Fangen Sie einfach an

Nehmen wir an, Sie stoßen in einer Zeitsachrift auf einen Artikel, der so beginnt:

„Das Universitäts-Brustzentrum hat seine Vorreiterrolle in der Diagnose und Therapie von Frauen mit Brustkrebs erneut durch die Re-Zertifizierung nach ISO 9001 und die Fachgesellschaften bestätigt. Beim Brustkrebs entscheidet vor allem die Interdisziplinarität des jeweiligen Zentrums über das Wohl der erkrankten Frau."

Sind Sie neugierig? Haben Sie Lust weiterzulesen? Haben Sie überhaupt auf Anhieb verstanden, worum es geht? Vermutlich nicht. Und nun zeige ich Ihnen, wie der Text weitergeht:

„Für eine Frau, die an Brustkrebs erkrankt, ist es von entscheidender Bedeutung, wo sie sich behandeln lässt."

Das klingt interessant (und potenziell lebenswichtig!) – und man versteht es auf Anhieb. So einfach und klar hätte der Artikel beginnen können und sollen.

Ob ganzer Text, Absatz oder Satz – fangen Sie einfach an!

Der Anfang entscheidet, ob Sie den Leser ködern oder abschrecken. Beginnen Sie einen Satz nicht mit einem schwierigen Wort, einen Absatz oder Text nicht mit komplizierten Sätzen oder Gedanken.

Nehmen wir diesen Satz als Beispiel: *„Die funktionelle Konnektivität zwischen Amygdala und dem anterioren Cingulum im Frontalkortex ist, was uns interessiert."*

Weniger abschreckend, trotz gleicher Fremdwortdichte ist die Alternative: *„Was uns interessiert, ist die funktionelle Konnektivität zwischen Amygdala und dem anterioren Cingulum im Frontalkortex."*

Merken Sie den Unterschied? Ich habe absichtlich ein Beispiel mit vielen Fachbegriffen gewählt, um Ihnen zu zeigen, dass man als Leser auch, oder gerade, in einen schwierigen Satz besser hineinkommt, wenn die ersten Wörter einfach sind. (Natürlich könnte man jetzt hingehen und zumindest „funktionelle Konnektivität" übersetzen, aber darum geht es mir hier nicht.)

Noch ein Beispiel gefällig? Ich wollte kürzlich eine Pressemitteilung so beginnen: *„Krimis erfreuen sich bei Lesern und Zuschauern großer Beliebtheit. Kein Wunder, dass sich die Ladies' Crime Time in Mannheims Kabarett-Theater Klapsmühl' zu einer Art Institution entwickelt."*

Daraus machte eine aufmerksame Kollegin durch beherztes Streichen im ersten Satz: *„Krimis erfreuen sich großer Beliebtheit. Kein Wunder, dass ..."*

So kommt man leichter in den Text, stimmt's?

Diese wahre Geschichte verdeutlicht außerdem: Lassen Sie, wenn möglich, jemanden Ihre Texte gegenlesen. Denn beim zehnten oder zwanzigsten Überfliegen sehen Sie gar nicht mehr, was Sie geschrieben haben. Mehr dazu im Kapitel *„Überarbeiten – so geht's"*.

Aller Anfang ist schwer? Nicht bei den Texten von Schreib-Profis.

> **Auf den Punkt gebracht**
>
> Machen Sie dem Leser das Leben leicht: Ob Text, Absatz oder Satz – beginnen Sie sie mit einfachen Wörtern und Gedanken.

Rechtschreibung und Co.: Halten Sie sich dran!

Auch der interessanteste Text verprellt den Leser, wenn er mit Fehlern gespickt ist.

Eine grundsätzliche Darstellung von Rechtschreib-, Zeichensetzungs- und Grammatikregeln ist allerdings in *einem* Kapitel nicht möglich und ist auch nicht das Thema dieses Büchleins. Ich möchte hier auf einige spezielle Probleme eingehen, die mir beim Lesen und beim Redigieren, sprich: in der Praxis, immer wieder begegnen.

1. Rechtschreibung

Rechtschreibfehler hemmen den Lesefluss, weil Sie d̶n̶e̶ Leeser stöhren. Stimmt's? Und alles, was den Leser stört, verärgert ihn oder verleitet ihn gar dazu, den Text beiseitezulegen und sich anderem zuzuwenden.

Groß- und Kleinschreibung

1. Die Sache mit der Anrede in Briefen und anderen Texten ist verwirrend. „Du" darf man groß oder klein schreiben, „Sie" und das zugehörige „Ihr" bleiben groß. Manche Menschen überfordert das, sodass S̶i̶e̶sie plötzlich bei Texten, in denen niemand angesprochen wird, die Umschalttaste drücken. Vielleicht empfinden sie (oder Sie) ein fälschlicherweise klein geschriebenes Wort als peinlich. Das würde auch ein zweites Phänomen erklären:

2. Den groß geschriebenen Superlativ. Sie erinnern sich? Groß, größer, am größten. Gut, besser, am besten. Am größten, am besten – das sind die Superlative der jeweiligen Adjektive und wie die Grundform schreibt man sie klein. Trotzdem sehe ich immer wieder Formulierungen wie *„Am Schlimmsten wäre es, wenn ..."* oder *„Wir treffen uns am Besten ..."* (Vielleicht denken die Schreiber dabei an das Schlimmste oder das Beste?)

> Im Zweifelsfall kann es helfen, sich zu überlegen, ob Sie das „am" zu einem „an dem" auseinander ziehen können. Beispiel: „Es mangelte am Nötigsten." „Es mangelte an dem Nötigsten." „Am einfachsten wäre es ..." ~~„An dem Einfachsten wäre es ..."~~

3. Unbestimmte Zahlwörter werden normalerweise klein geschrieben: viele, alles, wenige, einige/einiges, jeder, keiner. Man *darf* sie groß schreiben (wie auch „der eine" und „der andere"), wenn man ihren substantivischen Charakter hervorheben möchte – wie in dem Filmtitel „Das Leben der Anderen". Kennt man die Anzahl, so schreibt man „der Einzelne", aber „die beiden" oder „die drei" sowie „alle drei", „die ersten drei" und „wir sind zu dritt". (Übrigens schreibt man auch laut Duden „und andere(s)", abgekürzt „u. a.", andererseits jedoch „und Ähnliche(s)", abgekürzt „u. Ä.") Das ist alles verwirrend, ich weiß. Deshalb bin *ich* für rigorose Kleinschreibung. In anderen Ländern funktioniert das auch. Aber bis sich dies hierzulande durchgesetzt hat, hilft nur der Griff zum Rechtschreiblexikon oder ein entsprechender Online-Check.

Einheitlichkeit

Wenn es zwei oder noch mehr Möglichkeiten gibt, ein Wort zu schreiben, entscheiden Sie sich für eine Schreibweise und bleiben Sie dabei. Nichts verursacht bei einer Redakteurin oder einem Lektor schneller nervöse Zuckungen als ein Wort, das mal so und dann wieder anders geschrieben ist.

Also nicht einmal „Wissenschafts-Journalismus" schreiben und dann im selben Text „Wissenschaftsjournalist". Nicht einmal „soziale Angst", dann wieder „Soziale Angst".

Probleme gibt es nach meiner Erfahrung besonders häufig, wenn man Wörter aus dem Englischen übernimmt oder eindeutscht und für sie noch keine bestimmte Schreibweise verinnerlicht hat.

> Bei längeren Texten machen Sie sich am besten eine Liste, in der Sie notieren, für welche Schreibweise Sie sich bei einzelnen Wörtern entscheiden. Ich habe mir zum Beispiel aufgeschrieben, dass der Genitiv von Text in diesem Buch „Textes", nicht „Texts" lauten soll. (Es geht beides.) Zum Schluss prüfen Sie dann mit der Suchen-Funktion, ob Sie an irgendeiner Stelle von Ihrer gewählten Version abgewichen sind.

> **Zahlen und Ziffern**
> So machen's die Profis in vielen Verlagen und Redaktionen: Sie schreiben Zahlen bis zwölf aus. (Die Ausnahme: Ziffern sind angebracht bei Messwerten und/oder vor abgekürzten Einheiten: 2,50 m, 3,80 €.) Und Profis verwenden in der Regel keine Abkürzungen, schreiben also „zum Beispiel", nicht „z. B.". (Texte für den Bildschirm, etwa fürs Internet oder ein E-Book, sind weniger formell und sollten möglichst kurz sein. Da passen Abkürzungen eher.)

2. Zeichensetzung

Hier geht es nicht um Regeln der Zeichensetzung im Sinn von: Wann steht wo ein Komma? – sondern um spezielle Probleme (der Typografie), die mir immer wieder in Manuskripten begegnen. Konkret: Wann sollte man die Leertaste bedienen und wann nicht?

Rechtschreibung und Co.: Halten Sie sich dran!

- Kein Leerschritt kommt vor das jeweilige Satzzeichen, jedoch einer danach bei Komma, Semikolon, Punkt, Doppelpunkt, Ausrufezeichen und Fragezeichen.
- Beim Gedankenstrich bleibt eine Stelle davor und eine danach frei.
- Wenn ein Strich im Sinne von „bis" gebraucht wird, gibt es keinen Abstand zur Zahl davor oder danach (10–30 Jahre).

> Übrigens sind ein Gedanken- und ein Bis-Strich *länger* als ein Bindestrich. Schauen Sie nach, wie Sie sie mit Ihrer jeweiligen Software(version) schreiben können. Ein Minus-Strich wiederum liegt etwas *höher* als ein Bindestrich und findet sich bei den Sonderzeichen.

- Keine Stelle bleibt frei vor und nach dem Schrägstrich und es gibt auch keine Leerschritte zwischen den Klammern und dem, was sie umschließen.
- Frei bleibt aber eine Stelle zwischen einer Zahl und dem %-Zeichen (20 %) sowie zwischen einer Zahl und einer abgekürzten Einheit (1 m, 2,5 kg, 3 €).

Bei dieser Gelegenheit möchte ich auf das geschützte Leerzeichen hinweisen, mit dem man verhindern kann, dass zum Beispiel die Zahl am Ende einer Zeile steht und die Einheit in die nächste Zeile rutscht:

> **Das geschützte Leerzeichen**
>
> Drücken Sie Ctrl, Shift und die Leer-Taste gleichzeitig – so erzeugen Sie das geschützte Leerzeichen. Man setzt es zwischen eine Zahl und das %-Zeichen bzw. die Einheit oder zwischen die Buchstaben einer Abkürzung (z. B.). Auch nach Dr. (Dr. Müller) oder St. (St. Anna) empfiehlt sich die Verwendung des geschützten Leerzeichens.

3. Grammatik

1. Der Fall einer Ergänzung (einer sogenannten Apposition) richtet sich nach dem Wort, auf das sie sich bezieht. Jedenfalls, wenn es sich bei der Ergänzung um ein Substantiv plus Artikel handelt. Deshalb stehen im ersten Satz die Wörter in der Klammer im Genitiv (im Wesfall oder 2. Fall) oder in diesem Satz im Dativ. Es heißt also nicht *„Am Ufer des Inns, einem Nebenfluss der Donau, …"*, sondern *„Am Ufer des Inns, eines Nebenflusses der Donau, …"* Ebenso schreibt man nicht *„Mit dem neuen Roman, sein bestes Buch, erreichte er Platz 1 der Bestsellerliste"*, sondern *„Mit dem neuen Roman, seinem besten Buch, …"*

2. Manche Wörter kann man nicht steigern: weiß, schwarz, kein, einzig. Dazu gehören auch Superlative wie: optimal, maximal. Das wissen die meisten, aber manche versuchen es trotzdem.

3. Unvollständige Sätze, also solche, in denen das Subjekt, das Prädikat oder beide fehlen, sind nach der deutschen Grammatik verpönt. Ich finde aber, dass sie einen Text

beleben können. Meine Faustregel lautet: In sehr formellen Texten sollten Sie darauf verzichten. Sonst können Sie Satzfragmente durchaus einstreuen. Aber nicht zu oft. Sonst klingt der Text atemlos. Haben Sie's gemerkt? Im vorvorletzten Satz (*„Aber nicht zu oft."*) fehlen Subjekt *und* Prädikat. Dieses Beispiel zeigt: Es gibt Ausnahmen. Man muss sich nicht sklavisch an Grammatikregeln halten. Finde ich jedenfalls. Die allerwichtigsten Kriterien sind Klarheit und Lesbarkeit. Wenn Sie gegen eine Regel verstoßen müssen, um es dem Leser leichter zu machen, tun Sie's. (Meinen Segen haben Sie.)

> **Auf den Punkt gebracht**
>
> Beachten Sie die Regeln der deutschen Rechtschreibung, Zeichensetzung, Typografie und Grammatik. Im Zweifelsfall hilft nur der Griff zum Duden oder zu einem vergleichbaren Regelwerk.
>
> Wenn Sie allerdings gegen eine Regel verstoßen müssen, damit Ihr Text leserfreundlicher wird, tun Sie's.

Texte lebendig gestalten

Wie jeder Satz so sollte auch der gesamte Text klar und übersichtlich sein. Denn unstrukturierte Wortreihen, ellenlange Absätze und eintönige Seiten ohne klare Gliederung und Abwechslung für das Auge erschweren das Lesen und schrecken ab.

Um Texte aufzulockern und zu strukturieren und so ihre Lesbarkeit zu erhöhen, stehen Ihnen verschiedene gestalterische Mittel zur Verfügung:

- Kürzere Absätze sind übersichtlicher und leichter lesbar. Machen Sie deutlich, wo der eine Absatz endet und der nächste beginnt. Entweder durch eine Leerzeile oder indem Sie die erste Zeile eines jeden Absatzes einrücken. Besonders lebendig wirkt ein Text, wenn die Länge der Absätze (und Sätze) variiert.

- Benutzen Sie bei Aufzählungen Listen, in denen Sie die einzelnen Punkte untereinander anordnen. So, wie ich es hier tue. Das ist übersichtlicher und erleichtert das Verständnis.

- Kästen, die spezielle wichtige oder zusätzliche Informationen enthalten, können einen Text ebenfalls beleben. In diesem Buch finden Sie zum Beispiel blau unterlegte Merkkästen und am Ende eines Kapitels den Kasten „Auf den Punkt gebracht".

- Auch Zwischenüberschriften und frei gestellte Zitate aus dem Text lockern das Schriftbild auf. (Das kennen Sie vielleicht aus Zeitschriften oder Broschüren.)

- Heben Sie Wörter und Textpassagen jedoch nicht unnötig oft hervor, indem Sie sie kursiv oder in einer anderen Schriftart setzen oder sie unterstreichen. Fettdruck und Großbuchstaben sollten Überschriften vorbehalten bleiben. Setzen Sie diese Mittel zu häufig ein, ist das Ergebnis ein unruhiges Schriftbild und das erschwert das Lesen. Denken Sie an das Salz in der Suppe: Ein wenig verbessert den Geschmack, zu viel und Sie müssen sie wegschütten. (Ein Text lässt sich zum Glück leichter retten.)

> **Die Ausnahme zu dieser Regel und gleichzeitig ein Tipp:**
>
> Indem Sie einzelne Wörter **fett setzen**, erleichtern Sie das **Überfliegen** des Textes. Deshalb eignet sich dieses Mittel für alles, was man **am Bildschirm** liest wie E-Books, Blogs und Websites.

Auf den Punkt gebracht

Listen, Zwischenüberschriften und Kästen können einen Text auflockern und die Lesbarkeit erhöhen.

Die Fettung einzelner Wörter sollten Sie sparsam und hauptsächlich bei Texten für den Bildschirm einsetzen.

Abwechslung durch Satzzeichen

Ein weiteres Mittel gegen Eintönigkeit und Langeweile sind unterschiedliche Satzzeichen:

- Komma,
- Punkt,
- Semikolon,
- Gedankenstrich,
- Klammern,
- Doppelpunkt,
- Fragezeichen.
- Ausrufezeichen – sie wirken aber in der Regel übertrieben.

Punkt und Komma benutzen Sie regelmäßig; aber wie wäre es hin und wieder mit einem Semikolon – oder einem Gedankenstrich? Auch Fragen lockern einen Text auf und können das Interesse der Leser wecken.

Vorsicht bei Ausrufezeichen! Sie wirken schnell dramatisch und unseriös! Wenn überhaupt, sollten Sie sie extrem sparsam und wohlüberlegt einsetzen.

Letzteres gilt auch für Anführungszeichen.

Sonderfall „Gänsefüßchen"

Von Anführungszeichen hielt der Schriftsteller Anton Tschechow gar nichts: *„Gänsefüßchen benutzen zweierlei Arten von Schriftstellern: die ängstlichen und die ohne Talent. Erstere erschrecken vor der eigenen Courage und Originalität, die zweiten, die irgendein Wort in Gänsefüßchen setzen, wollen damit sagen: Sieh mal, Leser, was für ein originelles, kühnes und neues Wort ich gefunden habe!"*

Anführungszeichen (Gänsefüßchen) sind für die wörtliche Rede und für Zitate gedacht. Ansonsten sollten Sie sie so wenig wie möglich benutzen.

Dasselbe gilt für das Wort „sozusagen" – oft ist es nicht mehr als ein Füllwort.

Beide – das Wort und die Anführungszeichen – zeigen häufig, dass jemand über eine Formulierung nicht ganz glücklich ist oder aber der eigenen (bildhaften) Sprache nicht traut. In solchen Fällen sollten Sie entweder einen treffenderen Begriff suchen, der keine Krücken benötigt.

Oder Mut zur Metapher haben und dem intelligenten Leser zutrauen, sie zu verstehen.

Manchmal erfüllen die Gänsefüßchen und das Wort „sozusagen" überhaupt keinen Zweck und können entfallen.

> *Hier drei Beispiele*
>
> *„Migration ist ~~sozusagen~~ eine Grundbedingung der geschichtlichen Entwicklung des Menschen."*
>
> *„Mit einer neuartigen Hemmstoffklasse wollen die Wissenschaftler die Malaria-Erreger regelrecht ‚aushungern'." (Mehr Mut zur bildhaften Sprache und weg mit den Gänsefüßchen.)*
>
> *„Die ‚Rückeinwanderung' empfindlicher Flechtenarten verläuft hier langsamer als andernorts." (Streichen!)*

Ich benutze die Anführungszeichen in diesem Buch auch dazu, ein Wort, das ich bespreche, zu kennzeichnen, um Ihnen, dem Leser, das Verstehen zu erleichtern. Sie dienen also in diesem Fall – hoffentlich – der Klarheit.

Auf den Punkt gebracht

Unterschiedliche Satzzeichen können einen Text beleben. Ausrufezeichen und Anführungszeichen sollten Sie nur sparsam und wohlüberlegt einsetzen.

Schreiben Sie anschaulich

Abstrakte Ideen langweilen Leser und strengen sie an. Was Menschen lieben, sind anschauliche Texte.

Und was macht Geschriebenes anschaulich?

- **konkrete, spezifische Bezeichnungen.** Schreiben Sie

  „Eiche", nicht „Baum",
  „Dackel", nicht „Hund",
  „Auto", nicht „Fahrzeug",
  „Kugelschreiber und Bleistifte", nicht „Schreibwerkzeuge".

- **Beispiele.** Sie machen vieles verständlicher, und zwar schneller als lange Erklärungen. (Denken Sie an die vielen Beispielsätze, die ich in diesem Buch verwende.)

- **Bilder und Vergleiche.** Sie sorgen dafür, dass wir uns etwas besser vorstellen können.

  Ein Bild (eine Metapher) ist zum Beispiel die Redensart „das Pferd von hinten aufzäumen". Ich habe sie in abgewandelter Form in dem Kapitel *„Sätze: am besten kurz halten"* verwendet, um etwas über die Satzstruktur zu veranschaulichen.

  Ein Vergleich beginnt mit „wie", etwa in dem Ausdruck „schnell wie ein Pfeil".

- **Geschichten.** Erzählen Sie Fallgeschichten, Anekdoten oder etwas, das Sie selbst erlebt haben. Unser Gehirn liebt Geschichten und merkt sie sich besonders gut.

- **Zitate.** Damit meine ich einerseits Aussagen von Beteiligten oder Experten. Andererseits kann auch der eine oder andere Ausspruch einer Berühmtheit helfen, etwas auf den Punkt zu bringen. Denn Zitate stammen von Menschen und wir lieben es, von Menschen zu hören und über sie zu lesen.

Ein guter Text ist lebendig und interessant. Anschaulichkeit trägt dazu bei.

> **Auf den Punkt gebracht**
>
> Ein Text wird anschaulich durch:
> - konkrete Bezeichnungen,
> - Beispiele,
> - Bilder und Vergleiche,
> - Geschichten,
> - Zitate.

Der Ton macht die Musik

Zum Ende meiner Erklärungen und Tipps für einen guten Schreibstil – last, but not least – einige Ratschläge, die Ihnen helfen sollen, den richtigen Ton zu treffen.

Orientieren Sie sich an der Textart und an der Zielgruppe und überlegen Sie, wie formell Sie schreiben müssen und wie locker Sie schreiben dürfen. Vermeiden Sie Ausflüge ins Vulgäre. Auch Umgangssprache ist oft nicht angemessen. Vor allem bei längeren Werken sollten Sie darauf achten, den Ton (einheitlich) zu halten.

Wenn es jedoch passt,

- werden Sie persönlich. Schreiben Sie „ich" und „wir". Selbst in hoch seriösen englischsprachigen Wissenschaftszeitschriften ist das „Wir" absolut üblich, in deutschen allerdings anscheinend noch verpönt.

- sprechen Sie die Leser direkt an – mit „Sie", so, wie ich es in diesem Buch tue.

- erzählen Sie Geschichten (siehe auch das vorhergehende Kapitel). Menschen lieben Anekdoten und Schilderungen Ihrer eigenen Erfahrungen. Je nach Art des Textes eignet sich eine (kurze!) Geschichte auch als Anfang.
- zeigen Sie sich von Ihrer humorvollen Seite. Auch Humor ist etwas, das Leser schätzen.

All diese Stilmittel können und sollten Sie, wie gesagt, (nur) einsetzen, wenn es zur Art des Textes passt.

Verzichten Sie auf Ironie. Denn viele Menschen verstehen sie nicht. Das gilt besonders, wenn Sie nicht wie beim gesprochenen Wort durch Mimik und Tonfall klar machen können, wie Sie etwas meinen. Bei eher informellen Texten können Sie sich mit einem Emoticon behelfen, etwa so: ;-). Im Großen und Ganzen rate ich jedoch von Ironie ab.

Auf den Punkt gebracht

Schreiben Sie so formell wie nötig und so offen, anschaulich und persönlich wie möglich.

Überarbeiten – so geht's

Das Anfertigen eines Textes erfolgt in zwei Phasen – dem Schreiben (der ersten Fassung) und dem Überarbeiten.

Was im ersten Schritt entsteht, ist normalerweise noch nicht druckreif. Wie sehr man den Text im zweiten Schritt umgestalten und ausbessern muss, ist von Fall zu Fall und von Autor zu Autor verschieden und sagt über die endgültige Qualität nichts aus. Entscheidend ist allein, dass das, was dabei herauskommt, verständlich und gut lesbar ist.

Lange Rede, kurzer Sinn: Machen Sie sich beim Schreiben der ersten Fassung keinen Stress. Denn wie sagte schon der amerikanische Schriftsteller Ernest Hemingway?

"The first draft of anything is shit."

Ich behaupte, das gilt nicht nur für Literatur. Die Tatsache, dass die erste Fassung selten etwas taugt, hat ja auch etwas Befreiendes. Weil man weiß, dass man beim Redigieren noch alles rausreißen kann.

- Fragen Sie sich immer: Für wen ist der Text gedacht? Nur weil Sie – als Spezialist oder Spezialistin – den Sinn verstehen, muss das nicht für die Leser gelten.

  Fragen Sie sich auch: Für welches Medium ist der Text gedacht? (Siehe das Kapitel *"Die drei wichtigsten Ratschläge vorweg"*.) Wer fürs Internet schreibt, muss sich noch mehr um Kürze und Klarheit bemühen (siehe das Kapitel *"Schreiben für den Bildschirm – Websites und Co."*).

- Prüfen Sie den Aufbau: Ist er logisch? Sind die Übergänge zwischen Gedanken beziehungsweise Absätzen nahtlos oder zu abrupt?

- Polieren Sie den Stil. Nehmen Sie dafür die Checkliste von Seite 113 zur Hand (speziell die Punkte in der Rubrik „Schreibstil").
- Streichen Sie gnadenlos Überflüssiges! Seien es Wörter, Sätze oder ganze Passagen. Leser beeindruckt nicht die Länge, sondern wie klar und eingängig Ihre Texte sind.

> Das Streichen fällt übrigens leichter, wenn Sie die entsprechenden Passagen zunächst unten an den Text anhängen oder in eine spezielle Restedatei kopieren. Dann ist die Hemmschwelle niedriger. Die Erfahrung zeigt, dass man einmal Gestrichenes nur äußerst selten wieder zurückholt.

Wie viel Arbeit Sie in das Redigieren investieren können und sollten, hängt davon ab, wie lang der Text ist, wie wichtig er ist und wie viel Zeit Ihnen zur Verfügung steht.

Wenn Sie einen Text auf Hochglanz polieren wollen, weil er wichtig ist und/oder Sie mehr Zeit investieren können:

- **Überarbeiten Sie das Geschriebene in verschiedenen Formen.** Was meine ich damit? Irgendwann kennt man einen Text so gut, dass man über Fehler und Schwächen hinweg liest und nicht mehr aufnimmt, was da eigentlich steht.

    Alles ist gut, was Ihnen hilft, Ihren Text wieder wie neu zu sehen:

    Redigieren Sie mal am Bildschirm, mal auf dem Papier.

    Benutzen Sie zur Abwechslung eine andere Schriftart (Font).

Machen Sie einen Tag oder mehrere Pause. Zeit schafft Abstand.

> Tippfehler können Sie in (kurzen) Texten besser aufspüren, indem Sie diese rückwärts lesen. So nehmen Sie jedes Wort für sich und damit neu wahr.

- **Lesen Sie den Text laut vor.** Auch dies ist eine Methode, um das Geschriebene anders wahrzunehmen. Dabei merken Sie sehr schnell, welche Formulierung hakt, welcher Satz zu lang ist.

- **Geben Sie den Text jemand anderem** (am besten aus Ihrer Zielgruppe) mit der Bitte, ihn durchzulesen und ein paar konkrete Fragen zu beantworten. Das ist wichtig.

  Sie wollen nicht wissen, ob Ihrer Mutter, dem Freund oder der Kollegin der Text „gefallen" hat oder nicht. Sie wollen wissen:

  War irgendetwas unverständlich?

  War irgendeine Stelle anstrengend zu lesen?

  Sie wollen auch nicht unbedingt Lösungsvorschläge hören. Dafür ist der Leser vielleicht nicht kompetent genug.

Das Wichtigste bei jeder Art von Texten, die Basis, die Voraussetzung, damit sie funktionieren und eine Wirkung erzielen können, ist eine gute Lesbarkeit. Diese erreichen Sie durch:

- kurze Wörter (siehe Kapitel *„Einfach (ist) besser"*), denn diese sind in der Regel leicht verständlich;

- kurze Sätze (siehe Kapitel *„Sätze: am besten kurz halten"*), denn die sind übersichtlich und ihr Sinn auf Anhieb zu begreifen;
- kurze Absätze (siehe Kapitel: *„Texte lebendig gestalten"*), denn lange, ungegliederte Passagen entmutigen die Leser.

> Lassen Sie Word einmal vor und nach dem Redigieren eine Lesbarkeitsstatistik anfertigen. Am Ende der Rechtschreib- und Grammatikprüfung blendet Word nämlich Informationen zur Lesbarkeit des Textes ein, und zwar Zeichen pro Wort, Wörter pro Satz, Sätze pro Absatz.
>
> Mit anderen Worten: Es bestimmt die durchschnittliche Länge von Wörtern, Sätzen und Absätzen. Und solange es im Rahmen bleibt, gilt: Kurz ist besser.
>
> Eventuell müssen Sie die Lesbarkeitsprüfung zuvor noch aktivieren: Bei Word 2010 geht das über Datei → Optionen → Dokumentprüfung → Lesbarkeitsstatistik anzeigen.

> **Die Lesbarkeit Ihres Textes im Internet messen**
>
> Bei http://www.leichtlesbar.ch/html/index.html und http://www.blablameter.de können Sie die Lesbarkeit deutscher und bei http://www.online-utility.org/english/readability_test_and_improve.jsp diejenige von englischen Texten messen.

Gegen Ende des Buches zeige ich Ihnen übrigens in dem Kapitel *„Texte überarbeiten – Beispiele aus der Praxis"* konkret, wie sich die Lesbarkeit von Sätzen ganz einfach steigern lässt. Dabei wende ich einige der Stilregeln an, die ich in den vorangegangenen Kapiteln erklärt habe.

Eine Lektorin monierte in einer Mailinglist, der ich angehöre: *„Bei Magisterarbeiten, Dissertationen und dergleichen lässt die Qualität des Textes im Verlauf oft ziemlich nach, weil der Anfang öfter gegengelesen worden ist als der Rest."*

Das passiert Ihnen natürlich nicht, denn Sie achten darauf, den gesamten Text sorgfältig zu überarbeiten.

Der spanische Schriftsteller Enrique Jardiel Poncela wusste:

„Wenn etwas leicht zu lesen ist, dann war es schwer zu schreiben."

Strengen *Sie* sich an, damit es *Ihre Leser* leicht haben

Und wenn Sie Artikel, Bücher oder etwas anderes lesen, achten Sie von nun an hin und wieder darauf:

- Wie machen es die anderen?
- Wie machen es gute Autoren?
- Was gefällt Ihnen, was stört Sie?

Schließlich lernt man nie aus.

Auf den Punkt gebracht

Kein Text ist auf Anhieb so gut, dass er sich nicht noch (meist erheblich) verbessern ließe.

Nehmen Sie sich Zeit fürs Überarbeiten und verwenden Sie dabei die Checkliste von Seite 113.

Achten Sie auf eine gute Lesbarkeit. Diese erreichen Sie tendenziell durch:

- kurze Wörter,
- kurze Sätze,
- kurze Absätze.

Schreiben für Männer *und* Frauen – gendergerechte Texte

Wohl niemand wird gerne ignoriert. Und doch passiert es Frauen immer wieder, dass sie, manchmal absichtlich, oft unabsichtlich, nicht angesprochen werden beziehungsweise sich nicht angesprochen fühlen. Auch die Leistungen von Frauen werden häufig übersehen und damit Verhältnisse zementiert, die längst überholt sein sollten.

Was meine ich damit? Nun, wenn von *Chefs* die Rede ist, was sehen Sie vor sich? Vermutlich (nur) Männer. Stimmt's? Ebenso bei Chirurgen, Regisseuren oder Astrophysikern. Obwohl sich in allen diesen Gruppen auch Frauen finden lassen. Und langsam werden es mehr. Wobei das vielleicht schneller ginge, wenn die Sprache nicht althergebrachte Vorstellungen unterstützen würde.

Stellenanzeigen müssen „geschlechtsneutral" formuliert sein. Und im Bundesgleichstellungsgesetz steht in § 1 (2):

„Rechts- und Verwaltungsvorschriften des Bundes sollen die Gleichstellung von Frauen und Männern auch sprachlich zum Ausdruck bringen. Dies gilt auch für den dienstlichen Schriftverkehr."

Doch genug theoretisiert. Wie lässt sich das in der Praxis umsetzen?

Die Quadratur des Kreises

Beiden Geschlechtern in Texten gerecht zu werden, bedeutet in der Regel, den Eindruck zu vermeiden, das Geschriebene richte sich vorwiegend an Männer und die Akteure seien hauptsächlich männlichen Geschlechts.

Lesern gerecht zu werden, bedeutet, klar, einfach und lebendig zu formulieren.

Beides zu verbinden, gleicht häufig der Quadratur des Kreises. Viele kluge Menschen haben sich über dieses Problem Gedanken gemacht, denn speziell in der deutschen Sprache ist es gar nicht so einfach, sich geschlechtergerecht (oder auf Neu-Deutsch: gendergerecht) auszudrücken. Außerdem fällt es schwer, eindeutig festzulegen, welche Formulierungen sexistisch sind. Vieles ist Ansichts- und Geschmackssache.

Deshalb kann ich Ihnen in diesem Kapitel keine klaren Regeln an die Hand geben. Stattdessen werde ich eine Reihe von Möglichkeiten aufzeigen und dabei jeweils offen sagen, wie ich darüber denke. Entscheiden müssen Sie dann selbst.

Es gibt keine Patentrezepte

▸ Der gerechteste und korrekteste Weg, dieses Problem zu lösen, besteht darin, Männer und Frauen anzusprechen, etwa *„Liebe Zuschauerinnen und Zuschauer"*, oder in anderer Form beide Geschlechter zu nennen, etwa *„Die deutschen Ärztinnen und Ärzte fordern mehr Geld"*. Neben dem Kauf- und dem Feuerwehrmann erwähnen Sie auch die Kauf- und die Feuerwehrfrau.

Das wird jedoch bei einem umfangreichen Text schnell mühsam für den Schreiber beziehungsweise die Schreiberin und schwer verdaulich für Leserinnen und Leser.

> Die Tatsache, dass permanent beide Geschlechter genannt werden, drängt sich so in den Vordergrund, dass für den eigentlichen Inhalt kaum Aufmerksamkeit übrig bleibt.
>
> Eine Möglichkeit, das Ganze etwas zu verkürzen, und früher geradezu ein Markenzeichen der Tageszeitung *taz*, ist das sogenannte Binnen-I wie in „PolitikerInnen" und „WählerInnen". Andere Schreibweisen sind „Politiker/innen" oder „Politiker(innen)".
>
> Doch auch diese stören den Lesefluss auf die Dauer. Sie bringen Monster hervor wie die „B(a)äuerInnen" oder „Erklärung des/der Antragsteller(s)/in" oder „sein(es)/er bzw. ihr(es)/er gesetzlichen Vertreter(s)/in". Und sie eignen sich nicht zum Vorlesen.

Ein Problem mit der Anwendung der weiblichen Versionen besteht darin zu entscheiden, wie konsequent man dabei vorgehen will, wo man oder frau die Grenze zieht. Reicht es, Vorurteile aufzuweichen, indem man Astronautinnen und Astronauten, Komponisten und Komponistinnen erwähnt? Oder soll man es auf die Spitze treiben und die weibliche Form wirklich immer bilden? Dann müssten Sie auch „der Mensch" und „die Menschin" schreiben.

▸ Titel und Anreden bereiten ebenfalls unter Umständen Schwierigkeiten. So habe ich in den Vorschlägen der UNESCO zu diesem Thema die Empfehlung gefunden, zu sagen und zu schreiben „Frau Professorin Müller" und „Frau Doktorin Meier". (Ich bin an die (formellen) Anreden Frau Glomp oder Frau Doktor Glomp gewöhnt. Frau Doktorin Glomp würde mich verstören. Und diese Version ist nach meiner Erfahrung auch nicht üblich.)

Anders verhält es sich mit der Bundeskanzlerin Angela Merkel oder anderen Ämtern und den entsprechenden Anreden wie „Justizministerin". Beim Schreiben können Sie sich im Hinblick auf Titel natürlich mit „Frau Prof. Müller" oder „Frau Dr. Meier" aus der Affäre ziehen.

Die allgemeine Anrede „Sehr geehrte Damen und Herren" ist inzwischen mit Recht Selbstverständlichkeit, denn bei „Sehr geehrte Herren" fühle ich mich als Frau beim besten Willen nicht mitgemeint.

> **!** Apropos Anrede: Wenn Sie einen englischen Brief oder eine formelle englische E-Mail schreiben und den Namen des Ansprechpartners nicht kennen, so schreiben Sie übrigens „Dear Sir or Madam", und zwar in dieser Reihenfolge, auch wenn das für uns ungewohnt ist.

▸ Besonders beliebt in der angelsächsischen Welt ist es, zwischen den Personalpronomen „er" und „sie" abzuwechseln. Also zum Beispiel von „the author" als „she" zu schreiben und von „the reader" als „he".

Schon im Englischen lenkt mich das ab, weil es mich immer wieder darauf aufmerksam macht, dass der Autor oder die Autorin geschlechtergerecht schreiben möchte. Ein Verhalten, das lobenswert ist, aber auch meine Konzentration mal mehr, mal weniger beeinträchtigt. Und im Deutschen lässt es sich nur umsetzen, wenn Sie auch bei den Substantiven abwechseln. Also mal von „dem Autor" sprechen und im nächsten Satz oder Absatz von „der Autorin".

▸ Mancher Begriff wirkt in der Mehrzahl weniger „männlich" als in der Einzahl, etwa „die Zuschauer" im Vergleich zu „der Zuschauer". Einige Frauen und Mädchen werden sich eher angesprochen fühlen, wenn Sie sie auf Ihrer Website mit „Liebe Besucher" statt mit „Lieber Besucher" begrüßen. (Natürlich können Sie auch schreiben „Liebe Besucherinnen und Besucher".)

Im Idealfall sind die weibliche und männliche Pluralform identisch: die Angestellten, die Jugendlichen.

Der Plural hat den weiteren Vorteil, dass er das Personalpronomen „sie" nach sich zieht beziehungsweise die Relativpronomen „die", „deren" und „denen" und diese gelten ja tatsächlich für beide Geschlechter.

▸ Einige favorisieren sogenannte substantivierte Partizipien, Hauptwörtern also, die sich von Verben ableiten, weil auch hier die Mehrzahl bei beiden Geschlechtern gleich ist. Also „Beschäftigte" statt „Mitarbeiter" oder „Studierende" statt „Studenten".

So recht begeistern kann ich mich nicht dafür, beispielsweise „Lehrende" statt „Lehrer" zu schreiben, zumal mit „Lehrenden" auch UniversitätsprofessorInnen und andere DozentInnen gemeint sein können, während Lehrer meist für in der Schule unterrichtende Menschen verwendet wird. Bastian Sick, Kolumnist bei *SPIEGEL ONLINE* und Buchautor, bemängelt darüber hinaus:

„Der Lesende aber ist kein Lesender mehr, wenn er das Buch aus der Hand legt, und so ist auch der Studierende kein Studierender mehr, wenn er zum Beispiel auf die Straße geht, um gegen Sparmaßnahmen zu demonstrieren."

- Ein Vorschlag lautet, man solle Verben ins Passiv setzen, um die Nennung von weiblichen und männlichen Handelnden oder das Wörtchen „man" zu vermeiden. Das lehne ich ab (siehe das Kapitel *„Nicht so passiv"*).

- Wenn es passt, können Sie Substantive oder andere Begriffe verwenden, die weiblich oder neutral sind, etwa:

  das Mitglied,
  die Person,
  die Fachkraft, Hilfskraft, Lehrkraft und so weiter (je nach Zusammenhang finde ich das passend oder gestelzt),
  das (Lehrer)Kollegium,
  die Fachleute, Ratsleute und so weiter,
  alle, die (statt jede/r, die oder der)
  manche, einige, viele und so weiter.

  Gefunden habe ich auch „das Team" statt „die Mannschaft". Wobei ich persönlich den „Mann" in diesem Wort gar nicht wahrnehme und es mir nicht unangenehm auffällt, wenn von der deutschen Frauenfußballnational*mann*schaft die Rede ist.

  Ebenso wenig übrigens stört mich die Verwendung des Wörtchens „man" und ich finde es auch nicht praktikabel, darauf zu verzichten.

- Mit den folgenden Begriffen, die manche Quellen empfehlen, sollten Sie meiner Meinung nach sparsam umgehen, denn sie haben etwas von Beamtendeutsch (wie auch die Verwendung des Passivs) und wirken farblos, altbacken und gestelzt:

  die Kundschaft, die Studentenschaft und so weiter,
  die Lehrpersonen (statt Lehrer),

das Personal,
die Führung(sspitze).

- Wenn es passt, sprechen Sie Ihre Leserinnen und Leser direkt an. So, wie ich es in diesem Büchlein tue. Ich schreibe nicht *„Autorinnen und Autoren sollten Wiederholungen vermeiden"*, sondern *„Sie sollten Wiederholungen vermeiden"*.

- Manchmal können Sie sich auch eines Verbs bedienen und statt *„Verfasser dieses Berichts sind ..."* formulieren *„Geschrieben haben diesen Bericht ..."*

- Manche Autoren ziehen sich aus der Affäre, indem sie, vor allem bei Büchern, einmal zu Anfang (etwa im Vorwort) erklären, dass immer beide Geschlechter gemeint sind, selbst wenn sie ausschließlich die männliche Form bestimmter Bezeichnungen verwenden (etwa der Lehrer, Arzt oder Ingenieur) sowie entsprechend das Personalpronomen „er".

Meine pragmatische Lösung

Ich mache es so: Wenn ich befürchte, dass eine althergebrachte Sichtweise den Blick auf die gleichberechtigte Realität verstellt, erwähne ich zu Anfang eines Artikels (und wenn er länger ist, auch noch einmal mittendrin) zum Beispiel: Ärztinnen und Ärzte, Justizminister und Justizministerinnen der Länder, Professorinnen und Professoren.

Bei diesem Buch habe ich das nicht getan, weil es sich offensichtlich an Frauen und Männer richtet und (hoffentlich) jeder und jede versteht, dass beide Geschlechter gemeint sind, wenn ich über Leser und Autoren spreche.

Manchmal ergibt es sich, dass ich, schon um Wiederholungen zu vermeiden, von „Jungen und Mädchen" (statt „Schülern") schreibe oder von „Personen" oder „Frauen und Männern" statt „Teilnehmern". Auch so lassen sich die Bilder im Kopf der Leser beeinflussen. Oder ich verwende den Plural wegen der Vorteile, die ich schon erwähnt habe, oder greife auf andere der bereits beschriebenen Möglichkeiten zurück.

Ansonsten baue ich darauf, dass die Realität und unser Bewusstsein sich mehr und mehr ändern, sodass wir nicht nur, wenn von „Menschen" oder „den deutschen Bundeskanzlern" die Rede ist, automatisch Männer und Frauen (beziehungsweise eine Frau) vor unseren geistigen Augen sehen – sondern auch bei Bezeichnungen wie „Astronauten", „Vorstandschefs" oder „Nobelpreispräger". So wie es bei Personen umgekehrt auch automatisch der Fall ist. (Oder denken Sie dabei nur an Frauen, weil es *„die* Person" heißt?)

Denn letztlich geht es darum, dass Leser im Allgemeinen und die weiblichen im Speziellen wissen und fühlen, dass mit solchen Bezeichnungen Frauen *und* Männer gemeint sind.

Internet-Tipp:

Bastian Sick hat eine amüsante Kolumne zu diesem Thema geschrieben: „Liebe Gläubiginnen und Gläubige". Sie können sie, wie viele andere seiner Sprachbetrachtungen, auf der Website des SPIEGEL finden unter http://www.spiegel.de/thema/zwiebelfisch.

Leider bietet die deutsche Sprache keine gute, allgemeingültige Lösung für dieses Problem. Ich habe Ihnen in diesem Kapitel einige Möglichkeiten geschildert. Nun liegt es an Ihnen, von Fall zu Fall die am besten geeigneten Formulierungen zu wählen.

Anleitungen im Internet

Ein sehr gutes Merkblatt der Bundesstelle für Büroorganisation und Bürotechnik: http://www.chancengleichheit.uni-freiburg.de/docs/sprache-bva-merkblatt.pdf

Leitfaden der Berliner Senatsverwaltung für Wirtschaft, Arbeit und Frauen: http://www.berlin.de/sen/frauen/oeff-raum/sprache

Vorschläge, die sich an den Richtlinien der UNESCO orientieren: http://www.psychologie.uni-heidelberg.de/personen/frauenbeauftragte/deUNESCO.pdf

Auf den Punkt gebracht

- Machen Sie sich immer wieder klar, dass Sie für Männer *und* Frauen über Frauen *und* Männer schreiben. Diese Tatsache sollten Ihre Texte widerspiegeln.
- Schreiben Sie so, dass Männer und Frauen sich angesprochen fühlen. Experimentieren Sie mit verschiedenen Möglichkeiten. Eine Patentlösung gibt es nicht.
- Meiden Sie Formulierungen, die die Lesbarkeit (zu sehr) beeinträchtigen und/oder an Beamtendeutsch erinnern.

Schreiben für den Bildschirm – Websites und Co.

Menschen lesen Websites selten gründlich. Mehr noch als beim gedruckten Wort neigen sie dazu, einen Text zu überfliegen und nur hervorgehobene Elemente wie Titel, Zwischenüberschriften oder Auflistungen wahrzunehmen.

Was die Forschung sagt

Die Bereiche einer Website, die am meisten Beachtung finden, so der führende Experte Jakob Nielsen, entsprechen ganz grob der Form eines großen

- Das heißt, den Anfang einer Website lesen die Besucher ausführlich von links nach rechts. Doch schon nach circa zwei Absätzen gleitet der Blick den linken Rand des Bildschirms entlang nach unten, auf der Suche nach etwas Interessantem.
- Nielsen hat außerdem festgestellt, dass die meisten Menschen 80 Prozent ihrer Aufmerksamkeit auf den Bereich einer Website richten, den sie auf Anhieb sehen. Zwar scrollen Besucher durchaus, aber den Texten, die

sie so erreichen, schenken sie nur 20 Prozent, also nur ein Fünftel, ihrer Aufmerksamkeit.

- Allerdings nützt es nichts, einen längeren Text auf mehrere Seiten zu verteilen. Denn eine neue Seite klicken Leser noch seltener an, als sie eine einzelne hinunterscrollen.
- Wenn es um komplexere Sachverhalte geht, empfiehlt Nielsen, einen kurzen, zusammenfassenden Text zu schreiben, der alle Leser anspricht, und von dort zu einer längeren Abhandlung für Interessierte zu verlinken.
- Das Ende einer Aufzählung wird wiederum häufiger gelesen als die Punkte in der Mitte. Außerdem erinnern sich Menschen besser an das, was sie zuletzt gesehen haben. An dieser Stelle können Sie also auch noch einen interessanteren Aspekt erwähnen.
- Vergleicht man die beiden Seiten des Bildschirms, so lesen Besucher vorwiegend (zu etwa 70 %) das, was auf der linken Hälfte steht.

Bildschirmgerecht texten

Prinzipiell sollten Ihnen alle Mittel recht sein,

- die das Interesse der Leser wecken und halten (denn Ablenkung und konkurrierende Angebote sind nur einen Klick entfernt),
- die die Buchstabenfülle unterteilen und ordnen,
- die dafür sorgen, dass die Augen sich so wenig wie möglich anstrengen müssen,

- die Wichtiges hervorheben, sodass sich das Geschriebene auf Wunsch überfliegen lässt,
- die den Leser sozusagen an die Hand nehmen und von oben nach unten durch den Text führen.

Dem Leseverhalten, wie es die Forschung offenbart hat, können Sie mit Ihren Texten entgegenkommen:

- Das Wichtigste gehört mehr noch als bei anderen Medien an den Anfang. Beginnen Sie mit einem kurzen Absatz, der eine Zusammenfassung oder die Schlussfolgerung enthält.
- Ebenso gehört das Wichtigste an den Anfang des jeweiligen Absatzes. Formulieren Sie die These im ersten Satz und führen Sie sie dann weiter aus.
- Bei Zwischenüberschriften und bei Aufzählungen, die als Liste untereinander angeordnet sind, ist das erste Wort jeweils das wichtigste.

Wenn Sie diese Punkte beachten, stellen Sie sicher, dass Leser, die dem „Schema F" folgen, das ich erwähnt habe, die entscheidenden Punkte mitbekommen.

Texte für Websites, Blogs und Ähnliches müssen besonders übersichtlich und abwechslungsreich sein. Das erreichen Sie durch:

- **Zwischenüberschriften.** Sie helfen einen Text zu gliedern und eignen sich auch, um wichtige Botschaften hervorzuheben.
- **kurze Absätze.** Auch solche, die nur aus einem einzigen Satz bestehen, sind erlaubt.
- **Listen** (wie diese),

- **Hervorheben wichtiger Begriffe,** zum Beispiel durch Fettung.

Günstig ist es, wenn diese Elemente für sich genommen schon die wichtigste(n) Botschaft(en) vermitteln. Wenn also zum Beispiel die Zwischenüberschriften allein schon eine kleine Geschichte erzählen oder als Zusammenfassung dienen können.

> Auch (kurze) Bildunterschriften eignen sich, um zusätzliche Informationen zu vermitteln. Zum Beispiel können Sie auf Eigenschaften eines Produkts hinweisen, die im Bild zu erkennen sind, oder, je nach Foto, weitere Angaben zur abgebildeten Person einbauen.

Mehr noch als bei anderen Texten gilt auf dem Bildschirm: Kurz ist besser. Kurze Überschriften, kurze Sätze, kurze Absätze.

> **Hilfe aus dem Internet**
> Spickzettel fürs Texten für das Internet: http://www.claushesseling.de/netzprotokolle/2011/02/cheatsheet-texten-fuer-das-internet-auf-einen-blick

> Bedenken Sie, dass immer mehr Menschen Angebote aus dem Internet auf relativ kleinen Bildschirmen anschauen, etwa Tablets oder Smartphones. Überfrachten Sie Websites nicht mit zu viel Inhalt oder einem eintönigen Buchstabenteppich.

Auf den Punkt gebracht

Texte für den Bildschirm sollten

- mit dem Wichtigsten beginnen,
- so kurz wie möglich sein,
- sich zum Überfliegen eignen.

Nutzen Sie Gestaltungsmöglichkeiten wie Zwischenüberschriften und Aufzählungen, um den Besuchern das Lesen so leicht wie möglich zu machen.

Schreibhemmungen überwinden

Schon merkwürdig: Ob man es nun als Handwerk oder als Kunst betrachtet, Schreiben bringt seine ganz eigenen Probleme mit sich. Viele Menschen haben Schwierigkeiten, den Anfang zu finden (Stichwort: Prokrastination, zu Deutsch „Aufschieben"), manche sind regelrecht blockiert.

Vielleicht denken wir Schreiber einfach zu viel. Weil es zu unserer Arbeit gehört. Ohne Denken kein Schreiben. Aber letztlich sind solche Überlegungen müßig. Es ist, wie es ist, und wir müssen unsere Texte (fertig) schreiben.

Die beiden wichtigsten Gründe, warum jemand es immer wieder hinauszögert, wichtige Schreibaufgaben in Angriff zu nehmen, sind nach meiner Ansicht:

1. Angst. Angst, dass das, was man schreibt, nicht gut genug ist. Angst, sich zu blamieren.
2. Hilf- und Mutlosigkeit angesichts eines umfangreichen Projekts. Das Schreiben eines Jahresberichts, einer Dissertation, eines Buches von mehreren hundert Seiten erscheint wie eine kaum zu bewältigende Aufgabe. Man weiß einfach nicht, wie und wo man anfangen soll.

Zum Glück ist gegen Angst, Hilflosigkeit und Aufschieberitis ein Kraut gewachsen beziehungsweise ein Strauß ganz verschiedener Kräuter. Ich möchte Ihnen hier einige Methoden und Tricks vorstellen, die ich selbst anwende oder von denen ich gehört oder gelesen habe. Diese können Ihnen je nach Ihrem Temperament, der Situation und der Art des Textes helfen, die Angst vor dem weißen Blatt

Papier beziehungsweise dem leeren Bildschirm zu überwinden und Ihre Produktivität zu steigern.

Die beiden Schreibphasen trennen

Wer kennt sie nicht, die innere Stimme, die während des Schreibens flüstert: „Das ist doch alles Quatsch"? Manchmal findet der innere Kritiker (so nennen ihn Schriftsteller und Schreiblehrer) unsere frisch formulierten Sätze auch noch „langweilig" oder „peinlich". Wer so kritisiert wird, hat irgendwann keine Lust mehr zum Schreiben oder sogar Angst davor.

Zum Glück gibt es eine einfache Lösung für dieses Problem.

Jeder weiß, dass Texte in zwei Schritten entstehen: Zunächst *schreibt* man einen Entwurf, eine erste Fassung, die man dann im zweiten Schritt so lange *überarbeitet*, bis das Ergebnis brauchbar oder gut (wenn auch nie perfekt) ist.

Schreiben und Umschreiben strikt trennen

Ein Grund für Schreibblockaden besteht darin, dass sich der innere Kritiker schon während der ersten Phase überlaut bemerkbar macht. Deshalb sollten Sie die beiden Phasen konsequent auseinanderhalten und während des Schreibens der ersten Fassung dem inneren Kritiker den Mund verbieten oder ihn einfach nicht beachten. Beim nächsten Schritt, dem Überarbeiten, darf er sich gerne als Berater zu Wort melden. Aber höflich!

Der amerikanische Journalist und Autor Tracy Kidder fasst dies in der Beschreibung seiner Arbeitsweise sehr gut zusammen: *„Ich mache eine Art Gliederung und dann beginne ich einfach mit dem Schreiben. Ich versuche, wirklich schnell zu schreiben ... Ich glaube, es stimmt teilweise, dass ich so schnell schreibe, wie ich kann, um nicht zu bereuen, dass ich schlecht geschrieben habe. ... Was zählt, ist, was am Schluss dabei herauskommt. Ich liebe es umzuschreiben. Ich glaube, es ist eines der größten Geschenke für Autoren, umschreiben zu können, das, was man geschrieben hat, zurückzunehmen und es besser zu formulieren, ehe irgendjemand anderes es zu Gesicht bekommen muss."*

Sagen Sie sich beim Schreiben der ersten Fassung immer wieder: „Diesen Text braucht niemand je zu sehen bekommen." Merken Sie, wie ungemein befreiend dieser Gedanke ist?

Kleine Schritte

Was tun,

- wenn Sie bei einem Schreibprojekt den Anfang nicht finden? Egal, ob es sich um einen Aufsatz handelt oder eine Examensarbeit, einen Artikel, Texte für eine Website, eine Broschüre oder einen Jahresbericht.
- wenn Sie nicht anfangen, weil „es sich heute doch nicht mehr lohnt"? Denn Sie wollen wenigstens die Rohfassung in einem Rutsch schreiben oder ein Kapitel oder 3.000 oder 10.000 Zeichen.

- wenn Sie nicht vorwärtskommen, weil Sie erst tausend andere wichtige Dinge erledigen müssen – und es sich dann (siehe oben) „heute nicht mehr lohnt"?

Sie fühlen sich wie ein Versager, weil Sie wieder Ihr tägliches Pensum nicht geschafft oder den Text immer noch nicht fertig oder auch nur begonnen haben.

Eines der besten Mittel gegen solche Probleme, wenn nicht sogar das beste überhaupt, ist die Methode *Kleine Schritte*.

Und so geht's: Sie beschließen, an dem jeweiligen Schreibprojekt nur ein ganz klein wenig zu arbeiten. Indem Sie zum Beispiel:

- den Text nur formatieren (Zeichengröße, Zeilenabstand, Seitenzahl …).
- nur eine Stunde an dem Projekt schreiben oder eine halbe, egal was, egal wie.
- nur schon einmal die Literatur erfassen.
- über die Gliederung nachdenken und sich Notizen dazu machen.
- den Arbeitstitel aufschreiben und die ersten fünf oder zehn Sätze.
- einige Ideen ins Unreine schreiben, die Sie später überarbeiten können.
- oder irgendetwas anderes tun, das Sie in dem Schreibprojekt (nur einen kleinen Schritt) weiterbringt.

Egal, was Sie sich vornehmen: Es muss so wenig oder so einfach sein, dass Sie keinen Zweifel haben, es schaffen zu können. Das lässt die Angst und den inneren Widerstand verschwinden, weil die Hürde, die es zu überwinden gilt, so lächerlich niedrig ist.

> **Fangen Sie *irgendwo* an**
>
> Niemand hat gesagt, dass Sie einen Text von Anfang bis Ende in dieser Reihenfolge schreiben müssen. Wenn es Sie weniger Überwindung kostet, fangen Sie mit einer Passage an, zu der Ihnen spontan etwas einfällt und schreiben Sie den Anfang später (nachdem Sie vielleicht unter der Dusche eine zündende Idee hatten). Bei längeren Texten (Berichten, Broschüren) empfiehlt es sich ohnehin, sie in einzelnen Untereinheiten abzuarbeiten, weil uns das weniger einschüchtert, als ein Riesenopus als Ganzes anzugehen. (Dafür brauchen Sie eine gute Gliederung.)

Eine erstaunlich wirksame Methode

Übrigens funktionieren kleine Schritten bei allen Arten von Aufgaben, die wir vor uns herschieben, ob es um das Ausfüllen der Steuererklärung geht oder das Aufräumen des Kleiderschranks. Nicht umsonst gibt es Sprichwörter, die Mut uns machen sollen, wie

„Selbst die längste Reise beginnt mit dem ersten Schritt."

Oder: *„Rom wurde auch nicht an einem Tag erbaut."*

Wenn Sie mit einem kleinen Schritt beginnen,

- haben Sie erstens auf alle Fälle schon einmal *etwas* geschrieben, was mehr ist als nichts,
- vor allem haben Sie zweitens den Anfang gefunden und die erste Hürde überwunden. Danach (das ist das Schöne) arbeitet man nämlich meist weiter und schreibt mehr, als man ursprünglich geplant hatte.

Das ist wie bei einer chemischen Reaktion: Oft braucht die einen Katalysator, der den Beginn erleichtert. Der Rest läuft dann von allein ab. Ihr Katalysator ist der Gedanke, dass Sie nicht mehr tun müssen als einen klitzekleinen Schritt.

> **Schreibsprints**
>
> Sie sind eine Sonderform der Methode „Kleine Schritte" und sollen ebenfalls Schreibhemmungen überwinden. Indem man für relativ kurze Zeit sozusagen oder tatsächlich, bis der Wecker klingelt, wie wild und unzensiert schreibt, ohne nach links und rechts zu schauen. Die amerikanische Drehbuchautorin Jane Espenson verabredet sich per Twitter mit Gleichgesinnten zu 30-minütigen Schreibsprints. „Keep going if you're rolling!", tweetet sie dann beispielsweise nach einer halben Stunde. Denn wenn Sie einmal die Blockade durchbrochen haben, verbietet Ihnen natürlich niemand weiterzumachen. So ein Sprint eignet sich besonders zum Schreiben einer ersten Fassung.

Die Macht der Gewohnheit

Kennen Sie das Geheimnis produktiver Autoren? Es ist ganz einfach: Sie haben das Schreiben zur Gewohnheit gemacht.

Auch dieses probate Mittel dient dazu, Widerstände abzubauen. Gewohnheiten bedeuten für das Gehirn nämlich weniger Mühe, weil es nicht immer neu entscheiden muss. Denn Entscheidungen zu treffen, kostet das Gehirn Kraft –

die es manchmal, etwa nach einem anstrengenden Tag, nicht mehr aufbringen kann.

Viele Autoren schreiben außerdem immer zur selben Zeit, nämlich dann, wenn es ihnen besonders leicht fällt. (Bei mir ist das der Morgen.) Eine bestimmte Schreibzeit festzulegen, erleichtert das Bilden einer Gewohnheit.

Wichtiger ist aber, dass Sie überhaupt (fast) jeden Tag schreiben, weil es dann mit der Zeit wie durch Autopilot geschieht. Versuchen Sie es. Sie werden sehen, wie der innere Widerstand von Tag zu Tag schmilzt.

Am besten setzen Sie sich zu Anfang lächerlich kleine Ziele. „Kleine Schritte" und „Die Macht der Gewohnheit" sind ein starkes Team, wenn es darum geht, Schreibblockaden zu überwinden und Ängste gar nicht aufkommen zu lassen. Das gilt besonders für das Schreiben von längeren Texten wie Dissertationen, Hausarbeiten, Berichten, Artikeln und Sachbüchern (oder einem Roman, wenn Sie möchten).

Sorgen Sie für Abwechslung

Was ich Ihnen jetzt empfehle, steht im Widerspruch zu dem vorhergehenden Kapitel über die Macht der Gewohnheit. Aber was soll ich sagen? Menschen, Situationen und auch Texte sind unterschiedlich. Was dem einen in der einen Situation hilft, bringt die andere bei einer anderen Art von Text vielleicht nicht weiter. Sehen Sie meine Tipps als Vorschläge und wählen Sie wie am Buffet das aus, was Ihnen schmeckt und guttut.

Wenn Sie mit einem Text nicht weiterkommen, wenn es Ihnen nur bei dem Gedanken ans Schreiben schon graut, brauchen Sie vielleicht Abwechslung.

- Widmen Sie sich einfach einem anderen Aspekt der Aufgabe. Wenn Sie zu müde zum Schreiben sind,

  recherchieren Sie fehlende Zahlen oder Fakten,
  erstellen Sie eine Tabelle,
  arbeiten Sie an der Literaturliste oder an den Angaben zu den Ansprechpartnern,
  formulieren Sie eine Bildunterschrift.

- Schreiben Sie bei größeren Werken an einer anderen Textstelle weiter. Wenn Ihnen zum Schluss oder einem Aspekt in der Mitte mehr einfällt, springen Sie dorthin. Im Computerzeitalter ist das doch gar kein Problem. (Eine gute Gliederung hilft, nicht den Überblick zu verlieren.)

- Vielleicht fällt es Ihnen auch leichter, (zeitweise) mit der Hand zu schreiben. Zum Beispiel die Gliederung oder eine Textpassage oder die wichtigen Anfangssätze Ihres Textes oder eines Kapitels.

- Schreiben Sie woanders. Wechseln Sie den Arbeitsplatz. Ich persönlich kann mich, und das kam unerwartet, *besser* konzentrieren, wenn ich in einem Café schreibe. Ich bin dann weniger abgelenkt. (Das geht vielen Autoren so.)

- Wenn Sie an unterschiedlichen Projekten arbeiten, wenden Sie sich einem anderen Text zu. Als Journalistin habe ich es in dieser Beziehung leicht. Ich arbeite immer an mehreren Artikeln, die sich in unterschiedlichen Stadien befinden (Themensuche, Recherche, Gliederung, erste Fassung, Überarbeitung).

Aber, und das ist ein großes und gewichtiges Aber, Sie müssen diszipliniert vorgehen und sich Texten, die sie beiseitegelegt haben, auch wieder zuwenden und sie beenden.

Abwechslung kann helfen, wenn Sie sich ausgepowert fühlen. Und mit etwas Selbstdisziplin sind Sie so unter dem Strich vermutlich erheblich produktiver. Denn statt das Gehirn leerlaufen zu lassen und Löcher in die Luft zu starren, arbeiten Sie immerhin irgendwo, irgendwie an irgendetwas. Wie ich schon im Kapitel *„Kleine Schritte"* sagte: *Etwas* ist mehr als nichts. Peu à peu lassen sich so eine Menge Wörter und Texte in den PC und zu Papier zu bringen. Probieren Sie's aus.

Manchmal bleibt nur Druck

Ein nahender Abgabetermin kann natürlich ebenfalls sehr motivierend wirken (auf manche Menschen allerdings auch lähmend, so wie die Schlange auf das Kaninchen). Wenn Sie eine Deadline einhalten müssen, machen Sie sich am besten einen Plan. Etwa:

- bis wann Sie jeweils welches Stadium des Schreibens beendet haben wollen (Recherche/Stoffsammlung, Gliederung, erste Fassung und so weiter)
- oder wie viel Sie pro Tag schreiben müssen (Zeichen, Wörter oder Seiten), um rechtzeitig fertig zu werden.

Und dann sollten Sie regelmäßig kontrollieren, ob Sie gut in der Zeit liegen, und den Plan gegebenenfalls nachbessern.

Wenn die kleinen Schritte das Zuckerbrot sind, so sind Abgabetermine die Peitsche der Motivation.

Aber auch bei einer drohenden Deadline können Sie sich je nach Situation das Leben und das Schreiben erleichtern, indem Sie zusätzlich auf einige der Tricks zurückgreifen, die ich Ihnen zuvor geschildert habe. Speziell, wenn solche Termine Sie eher in Panik versetzen als anspornen.

Wenn Ihnen das hilft, können Sie sich andererseits bei einem Schreibprojekt selbst eine Deadline setzen und deren Wirkung verstärken, indem Sie andere über diesen Termin informieren. Den Sie einhalten müssen, weil Sie sich sonst fürchterlich blamieren.

> **Zum Schluss noch ein Tipp aus der Praxis**
> Damit Ihnen keine Idee abhandenkommt, sollten Sie immer etwas in Reichweite haben, um sich Notizen machen zu können. (Ein Diktiergerät oder die Aufnahmefunktion Ihres Handys tut's natürlich auch.) Denn wer weiß, wann Ihnen ein origineller Einstieg oder der perfekte Schluss-Satz einfällt.

Sie sehen, es gibt eine Menge Möglichkeiten, um Angst oder Hilflosigkeit, die Sie angesichts mancher Schreibprojekte fühlen, zu überwinden. Bedenken Sie auch, dass Sie je nach Situation eventuell Unterschiedliches ausprobieren müssen.

Auf den Punkt gebracht

Wenn es darum geht, sich zum Schreiben zu motivieren, führen viele Wege zu einem fertigen Text. Wählen Sie die jeweils für Sie passenden aus:

- die beiden Schreibphasen trennen,
- kleine Schritte,
- die Macht der Gewohnheit,
- für Abwechslung sorgen,
- Termin- und anderer Druck.

Checkliste für gute Texte

Hier finden Sie meine wichtigsten Schreibregeln und Tipps noch einmal in einer Checkliste zusammengefasst.

Checkliste	
Aufbau ▸ Text klar gliedern ▸ Mit der Überschrift Interesse wecken ▸ Anfang und Schluss besonders leserfreundlich gestalten ▸ Roten Faden durch den Hauptteil ziehen	✓
Schreibstil (vom großen Ganzen bis zu Details) ▸ Lebendig und anschaulich schreiben ▸ Einen passenden und einheitlichen Ton wählen ▸ Lange Sätze unterteilen ▸ Text, Absätze und Sätze einfach beginnen ▸ Den richtigen Bezug herstellen ▸ Überflüssige Wörter streichen ▸ (Ausdrucksstarke) Verben bevorzugen ▸ Einfache Wörter wählen ▸ Mit Abkürzungen geizen ▸ Wiederholungen vermeiden ▸ Positiv formulieren ▸ Passiv vermeiden ▸ Geschlechtergerecht formulieren ▸ Regeln der Rechtschreibung, Zeichensetzung und Grammatik beachten	

Checkliste
Weitere Kriterien ▸ Für die Zielgruppe schreiben ▸ Vorgaben beachten ▸ Gegebenenfalls bildschirmgerecht texten

Wann Sie die einzelnen Punkte der Checkliste berücksichtigen, ob beim Schreiben oder beim Überarbeiten, ist egal. Hauptsache, Sie haben sie am Ende alle beachtet.

Wenn Sie die Checkliste konsequent benutzen, werden Sie sie eines Tages gar nicht mehr brauchen, weil Sie die Regeln verinnerlicht haben.

Texte überarbeiten – Beispiele aus der Praxis

Wie Sie gesehen haben, enthält dieses Buch keine Übungen für Sie. Ich finde es sinnvoller, wenn Sie das Gelernte auf eigene Texte anwenden.

In diesem Kapitel finden Sie jedoch einige Beispiele aus der Praxis. An diesen Textpassagen möchte ich demonstrieren, wie das Überarbeiten konkret aussehen kann. Dabei wende ich einige der Stilregeln an, die ich in den vorangegangenen Kapiteln erklärt und in der Checkliste aufgeführt habe.

Wenn Sie mögen, können Sie sich zunächst selbst an einer Überarbeitung versuchen, ehe Sie sich anschauen, wie ich vorgegangen bin.

Die amerikanische Schriftstellerin Francine Prose übrigens misst dem Redigieren einzelner Sätze große Bedeutung zu:

„Für jeden Autor ist die Fähigkeit essenziell, einen Satz anschauen und sehen zu können, was überflüssig ist, was sich ändern, verbessern, erweitern oder vor allem streichen lässt. Es ist befriedigend zu sehen, wie der Satz schrumpft, seinen angemessenen Umfang erhält und schließlich in einer geschliffeneren Form erscheint: klar, ökonomisch, präzise."

Beachten Sie, dass ich Schritt für Schritt vorgehe. Man kann einen Text nicht auf einen Schlag reparieren. (Versuchen Sie's erst gar nicht.)

Beginnen wir mit einem einzelnen Satz

> *„Man sollte nicht übersehen, dass dies sehr wahrscheinlich für die allermeisten anderen Tiere auf diesem Planeten nicht gilt."*

Dieser Satz hat zwei große Probleme:

1. schiebt sich ganz am Ende noch ein „nicht" hinein, das den Sinn ins Gegenteil verkehrt. Dies ist, wie bereits erwähnt, ein typisch deutsches Problem, wobei man in diesem speziellen Fall das „nicht" vorziehen kann:

   „Man sollte nicht übersehen, dass dies sehr wahrscheinlich nicht für die allermeisten anderen Tiere auf diesem Planeten gilt."

   Das ist allerdings nicht viel besser, denn

2. erschwert eine doppelte Verneinung das Verständnis: *„Man sollte <u>nicht</u> übersehen, dass dies sehr wahrscheinlich <u>nicht</u> für die allermeisten anderen Tiere auf diesem Planeten gilt."*

   Doppelte Verneinungen sind immer ein Problem (siehe das Kapitel *Schreiben Sie positiv*). Hier ein Lösungsvorschlag:

   „Man sollte ~~nicht übersehen~~ bedenken, dass dies sehr wahrscheinlich nicht für die allermeisten anderen Tiere auf diesem Planeten gilt."

   Wenn wir uns schließlich den kleineren Problemen zuwenden und

3. beherzt an verschiedenen Stellen streicht, kommt dabei ein leicht verständlicher Satz von schlichter Schönheit heraus. Aus

„Man sollte nicht übersehen, dass dies sehr wahrscheinlich für die allermeisten anderen Tiere auf diesem Planeten nicht gilt."

wird

„Für die meisten anderen Tiere gilt das sehr wahrscheinlich nicht."

Je nachdem, was der Autor sagen will und in welchem Zusammenhang der Satz steht, ließen sich gegebenenfalls auch noch das „andere" und das „sehr" streichen.

Ein Paradebeispiel für nominale Verdichtung

Siehe dazu auch das Kapitel *„Mehr Action mit Verben"*.

> *„Die Entscheidung des Bauherrn zur Umsetzung der Vorgaben zur Kosteneinsparung aus dem Lenkungskreis führte zur Verringerung der Ausgaben."*

1. wandeln wir „Entscheidung", „Umsetzung" und „Verringerung" in die entsprechenden Verben um:

   „Der Bauherr entschied sich, die Vorgaben des Lenkungskreises zur Kosteneinsparung umzusetzen, was die Ausgaben verringerte."

2. ist es überflüssig zu erwähnen, dass der Bauherr sich entschied, denn das geht aus seiner Handlung hervor. Mein Vorschlag sieht daher so aus:

> *„Der Bauherr setzte die Vorgaben des Lenkungskreises zur Kosteneinsparung um und verringerte so die Ausgaben."*

Man könnte „Kosteneinsparung" auch noch umwandeln, aber ich finde, der Satz ist auch so klar und verständlich (wenn auch nicht besonders elegant).

Ein Prachtexemplar von einem Bandwurmsatz

Siehe dazu auch das Kapitel *„Sätze: am besten kurz halten"*.

> *„Ziel der Konferenz ist es, aktuelle Entwicklungen der deutschen Gleichstellungspolitik in und für Wissenschafts- und Forschungsorganisationen zum Beispiel im Rahmen der Exzellenzinitiative, des Paktes für Forschung und Innovation, des Hochschulpaktes 2020, der Forschungsorientierten Gleichstellungsstandards der Deutschen Forschungsgemeinschaft und des Professorinnenprogramms von Bund und Ländern zu bilanzieren und innovative Handlungsempfehlungen zur Karriereförderung für Frauen im Arbeitsfeld Wissenschaft und Forschung, insbesondere im Wissenschaftsmanagement, zu geben."*

Ich glaube nicht, dass es einen Menschen gibt, der diesen Satz in einem Anlauf lesen *und* verstehen kann. Vermutlich geben die meisten nach drei oder vier Zeilen auf.

Zugegeben der Satz enthält eine Menge langer Bezeichnungen, die sich wohl nicht vermeiden lassen. Gar nicht so einfach, ihn umzuformen.

1. streichen wir, was überflüssig ist (siehe dazu das Kapitel „*Überflüssig? Streichen!*"):

   „*Ziel der Konferenz ist es, ~~aktuelle~~ Entwicklungen der deutschen Gleichstellungspolitik in ~~und für~~ Wissenschafts- und Forschung~~sorganisationen~~ zum Beispiel im Rahmen der Exzellenzinitiative, des Paktes für Forschung und Innovation, des Hochschulpaktes 2020, der Forschungsorientierten Gleichstellungsstandards der Deutschen Forschungsgemeinschaft und des Professorinnenprogramms von Bund und Ländern zu bilanzieren und ~~innovative Handlungs~~Empfehlungen zur Karriereförderung für Frauen in~~m Arbeitsfeld~~ Wissenschaft und Forschung, insbesondere im Wissenschaftsmanagement, zu geben.*"

   (Ich bin mir nicht sicher, ob ich den Sinn verfälsche, wenn ich „Organisationen" streiche. Ich glaube aber nicht, dass dies der Fall ist. Die anderen gestrichenen Wörter sind mit Sicherheit entbehrlich.)

2. machen wir zwei Sätze aus dem einen und lagern die Aufzählung aus (und zwar in Form einer Liste, siehe Kapitel „*Texte lebendig gestalten*"):

   „*In Deutschland wird einiges zur Gleichstellung von Frauen in Wissenschaft und Forschung unternommen: zum Beispiel im Rahmen*

   - *der Exzellenzinitiative,*
   - *des Paktes für Forschung und Innovation,*
   - *des Hochschulpaktes 2020,*

> *der Forschungsorientierten Gleichstellungsstandards der Deutschen Forschungsgemeinschaft und*
>
> *des Professorinnenprogramms von Bund und Ländern.*
>
> *Ziel der Konferenz ist es, eine Bilanz zu ziehen und Empfehlungen zur Karriereförderung für Frauen in Wissenschaft und Forschung, insbesondere im Wissenschaftsmanagement, zu geben."*

3. wandeln wir noch ein Substantiv in ein Verb um („Förderung" in „fördern"):

> *„In Deutschland wird einiges zur Gleichstellung von Frauen in Wissenschaft und Forschung unternommen: zum Beispiel im Rahmen*
>
> *der Exzellenzinitiative,*
>
> *des Paktes für Forschung und Innovation,*
>
> *des Hochschulpaktes 2020,*
>
> *der Forschungsorientierten Gleichstellungsstandards der Deutschen Forschungsgemeinschaft und*
>
> *des Professorinnenprogramms von Bund und Ländern.*
>
> *Ziel der Konferenz ist es, eine Bilanz zu ziehen und Empfehlungen zu geben, wie man die Karriere von Frauen in Wissenschaft und Forschung, und besonders im Wissenschaftsmanagement, fördern kann."*

Wie Sie sehen, lassen sich auch die verwickeltsten Sätze und unübersichtlichsten Textpassagen mit etwas Geduld entwirren. Probieren Sie es an Ihren eigenen Texten aus.

Wenn wir ehrlich sind, spüren wir es meistens, wenn irgendetwas nicht stimmt, wenn es an bestimmten Stellen hakt. Bisher wussten Sie in solchen Fällen möglicherweise nicht weiter.

Jetzt können Sie die Probleme mithilfe der „Checkliste für gute Texte" auf Seite 113 analysieren. Wenn Sie wissen, wo der Fehler liegt, blättern Sie zu dem entsprechenden Kapitel zurück, schauen sich die jeweiligen Lösungen an und überlegen, was am besten passt. Wie die Beispiele in diesem Kapitel zeigen, müssen Sie manchmal Verschiedenes ändern, bis ein Satz lesbar und leicht verständlich ist.

So ist es nun einmal: Wir müssen uns anstrengen, damit die Leser an unseren Texten Gefallen finden. Ich verspreche Ihnen jedoch: Mit der Zeit werden Sie viele Fehler automatisch vermeiden und das Schreiben wird Ihnen immer leichter von der Hand gehen.

Schlusswort

Wie Sie gesehen haben, ist (gutes) Schreiben gar nicht so schwierig. Zwar müssen Sie etwas Arbeit investieren, aber sobald man weiß, wie's geht, kann Schreiben sogar richtig Spaß machen. Werfen Sie immer mal wieder einen Blick auf die Checkliste auf Seite 113, dann kann gar nichts schiefgehen.

Denken Sie dran: *"Schreiben ist ein Handwerk und Übung macht den Meister."*

Viele weitere Anregungen und Tipps zum Thema Schreiben finden Sie in meinem Blog

http://www.schreibhandwerk.blogspot.com

Ich freue mich auf Ihren Besuch!

Literatur und Websites

Bücher

- Duden, Die deutsche Rechtschreibung (aktuelle Ausgabe) oder ein vergleichbares Buch, etwa: Wahrig, Die deutsche Rechtschreibung (aktuelle Ausgabe)
- Wolf Schneider, Deutsch für Profis oder: Wolf Schneider, Deutsch fürs Leben
- Bastian Sick, Der Dativ ist dem Genitiv sein Tod (mehrere Folgen)
- Wenn Sie viel Englisch schreiben: William Strunk Jr., E. B. White, The Elements of Style

Websites

- Mein Blog zum Thema Schreiben: http://www.schreibhandwerk.blogspot.com
- Duden online (hier können Sie u. a. Texte überprüfen lassen): http://www.duden.de
- Duden-Sprachratgeber: http://www.duden.de/sprachratgeber
- Duden-Rechtschreibregeln: http://www.duden.de/rechtschreibregeln
- Interaktives Rechtschreib-Lernprogramm der PH Freiburg: http://art2.ph-freiburg.de/RR2006/login-d.html
- Wortschatz-Portal der Universität Leipzig (Wörterbuch, Synonyme und mehr): http://wortschatz.uni-leipzig.de

Literatur und Websites

- Bildwörterbuch von Pons: http://www.bildwoerterbuch.com

- Hier finden Sie Kolumnen von Bastian Sick: http://www.spiegel.de/kultur/zwiebelfisch

- In früheren Ausgaben der Zeitschrift der Neuen Zürcher Zeitung finden Sie die „Rotstift"-Kolumnen von Wolf Schneider: http://www.nzzfolio.ch, dann Suchwort „Rotstift"

- Schreibtipps der Stiftung Mitarbeit: http://www.buergergesellschaft.de/praxishilfen/klare-worte-fuer-vereinco/103675

- ein Schreibtrainer für wissenschaftliches und berufliches Schreiben (sehr umfangreich): http://www.uni-duisburg-essen.de/schreibwerkstatt/trainer/trainer/start.html

- Freundlich, korrekt und klar – bürgernahe Sprache in der Verwaltung (Leitfaden des Bayerischen Staatsministeriums des Inneren): http://www.verwaltung.bayern.de/Anlage2104463/BuergernaheSpracheinderVerwaltung.pdf

- Lieblingswörteranalyse: http://www.letter-factory.com/wordcount.php und http://www.wordle.net

- Füllwörteranalyse: http://www.letter-factory.com/elektorat.php

- Füll- und Unwörtertest: http://www.philognosie.net/index.php/tests/testsview/135

- Lesbarkeitsanalyse: http://leichtlesbar.ch

- Website von Jakob Nielsen über effiziente Website-Gestaltung: http://www.useit.com und speziell:

http://www.useit.com/papers/webwriting (Writing for the Web)

- Wie man Zahlen möglichst verständlich aufbereitet, erfahren Sie in „Zahlenspiele – Illusion der Gewissheit": http://www.max-wissen.de/Reportagen/show/3859.html
- Hohenheimer Politmonitor (ermittelt die Verständlichkeit von Parteienäußerungen): https://www.uni-hohenheim.de/politmonitor/start.php
- Wenn Sie englisch schreiben: http://www.economist.com/research/styleGuide
- Das klassische Buch „The Elements of Style" von Strunk und White: http://www.bartleby.com/141

Ganz zum Schluss noch zwei Ratschläge aus berufenem Munde

„Schreibe kurz – und sie werden es lesen.

Schreibe klar – und sie werden es verstehen.

Schreibe bildhaft – und sie werden es im Gedächtnis behalten."

(Joseph Pulitzer, amerikanischer Journalist und Verleger und Stifter der nach ihm benannten Preise)

„Man brauche gewöhnliche Worte und sage ungewöhnliche Dinge."

(Arthur Schopenhauer, deutscher Philosoph)

Die Autorin

Dr. Ingrid Glomp ist Biologin und arbeitet als freie Journalistin für Zeitungen, Zeitschriften, Buchverlage und das Fernsehen. Sie schreibt, redigiert und übersetzt Texte, vor allem aus den Bereichen Medizin, Psychologie und Wissenschaft. Sie ist Autorin und Co-Autorin verschiedener Sachbücher und gibt Schreibworkshops.

Ihr Motto lautet: *„Schreiben ist ein Handwerk: Man kann es lernen und man muss es üben."*

Weitere Informationen über die Autorin finden Sie im Internet unter www.ingrid-glomp.de.

Impressum:

Verlag C. H. Beck im Internet: www.beck.de
978-3-406-62585-5
© 2011 Verlag C. H. Beck oHG
Wilhelmstraße 9, 80801 München

Lektorat und DTP: Text + Design Jutta Cram, 86157 Augsburg,
www.textplusdesign.de
Umschlaggestaltung: Ralph Zimmermann – Bureau Parapluie
Umschlagbild: © istockphoto.com/Chris Bernard
Druck und Bindung: Beltz Bad Langensalza GmbH
Neustädter Straße 1–4, 99947 Bad Langensalza

Gedruckt auf säurefreiem, alterungsbeständigem Papier
(hergestellt aus chlorfrei gebleichtem Zellstoff)